谨以此书

诚贺李嘉诚先生八秩荣寿

李嘉诚箴言录

LIJIACHENG Zhenyanlu

李嘉诚讲述
卢琰源主编

江西人民出版社

《李嘉诚箴言录》编辑委员会名单

我是中国人，作为一名炎黄子孙，我应竭尽个人力量，促进祖国之繁荣昌盛，使同胞生活美好，使民族万世千秋更强大。

——李嘉诚

李嘉诚先生宴请本书主编卢琰源

作者简介

主编卢琰源，江西省高安人，集记者、编辑、作家、摄影家、广告人于一身。

1965年8月毕业江西大学新闻系，随后进入新华社工作至今。期间，先后被单位保送到北京第二外国语大学、北京双桥外国语学校、日本东京国际语大学进修英语和日语。此外，还多次被单位派往境外进行新闻采访工作。

从事新闻工作以来，撰写新闻作品和创作文学作品逾500万字。

目录

第一章 人生 价值 信念

建立自我　追求无我

——李嘉诚

一、人生篇

（一）

建立自我，追求无我。

阅读历史也不仅是“以史为镜”而已，要知道我们是活在这“镜”内，往事和未来同样是一条走不完的路。

处身在这诡谲多变的全球化世界，我们要懂得如何比较历史、观察现在与梦想未来，才可清醒地回应物质丰盛与灵魂分裂的挑战。

人生有没有既定命运，我不知道，但每一天我们在那“零”和“非零”间的选择，我们其实正在不断选择自己一生的命运。

“富”的意义是看你对钱财怎样运用，“贵”是看一个人的人格和为人的态度。

潮州市面线巷5号——李嘉诚的旧居(站立在门前的长者系李嘉诚堂兄李嘉来)

我的人生观就是,我所做的都是我认为对国家民族有利的。

我的人生观,认为人的寿命不能以日历来计算。有些人终其一生或许有一百岁,但会像从未生存过一天,从未到过这个世上一样,因为他对于社会、对国家、对民族而言,来不来到这个世上是全无关系,这个世上并没有得过他的益处。

（二）

充实人生，勿使虚度。

未学经商，先学做人。

没有人可以为你打造未来，只有你才知道怎样去掌握。

人生之路在于不断探索，而不是乞灵于迷信。

生长与变化是一切生命的定律，昨天的答案未必适用于今天的问题，只有你的原则才是你生命导航的坐标，只有你的情操才是你鼓舞生命的力量。

人生自有其沉浮，每个人都应该学会忍受生活中属于自己的一份悲伤，只有这样，你才能体会到什么叫做成功，什么叫做真正的幸福。

在看苏东坡的故事后，就知道什么叫无故受伤害。苏东坡没有野心，但就是给人陷害，他弟弟说得对："我哥哥错在出名，错在出高调。"

人生的病痛对一个人来说，是很痛苦的事，如果科学昌明，又有了钱，患了病，就有办法治疗，健康可以恢复，生命可以挽回。

一个人如果得了病，得不到好的治疗，有时甚至会丧失劳动能力，会增加家庭的负担，增加对社会的负担，本人艰苦，社会也艰苦。

世界上要成就每一样真正有价值而且值得骄傲的事，都必须有正确的人生观，为理想和目标付出时间、努力、坚强的意志和奋斗精神……大家以崇高的价值观，付出爱心、精神，善用宝贵的资源贡献社会，共同为人生留下美好的种子。

经验是人生无价之宝，尤其是从艰苦忧患中成长的一代，因为我们可以理所当然地反思过去，并且更能坦然表达自己对未来的冀望。

重要的是你们会不会主动掌握自己的命运，做个勤奋不懈、孜孜不倦的工作者；有正确的价值观念和使命感，能不断地发展新的机会，接受新的挑战；有追求有意义生活的坚持，有服务社会的精神；有体恤关怀贫困、弱者之心，有勇气、宽容和公共精神。

要知道和平并非理所当然的事，并非能轻易获得，而是需要人类相互的理解和包容，如果历史经验能够告诉我一些什么，我认为这是最重要的。

（三）

人生在世，能够为大家做事，对一个人来说，这个辛苦值得!

当你想起人生只是短短的旅程，便希望趁着有能力做事的时候，尽量在世上播下好的种子，这是值得的。

世界很大，人很渺小，但阻隔人群的湖山河道，是可以迈步跨越的。

我认为忧患并不一定带来智慧，但却会扩大人的体验，令我们审慎克诳。

原则上做人太过现实就没意义了，我感觉保留少许天真是人生的乐趣。

在一片追求财富、成功的声浪中，我们要活得出色快乐，毅力和心力同样不可或缺。

毅力是一种心态，毅力不是一种生活。真正有毅力的人清楚自己人生的目标，且愿意承担责任，有颗坚强、非凡的决心又充满着希望的心。知道什么是原则、事实与正义，有极大的勇气和谨慎。

人要有金钱之外的思想，心中若能保留少少自己值得自傲的地方，人生活得更加有意义。

人生中，只有善于适应环境并能营造新的环境的人，才是真正的强者。

苦难的生活，是我人生的最好锻炼，尤其是做推销员，使我学会了不少东西，明白了不少事理。所有这些，是我今生用10亿、100亿元也买不到的。

一个旅居海外的中国人，如果无国无家，再有钱也不顶用。

中华民族要屹立于世界强国之林，国民体魄之健康至为重要。

人生在不同的阶段中要经常反思自问，我有什么心愿？我有宏伟的梦想，但我懂不懂得什么是有节制的热情？我有拼搏命运的决心，但我有没有面对恐惧的勇气？我有天赐良机，但有没有实用智慧的心思？我自信能力和天赋过人，但有没有面对顺流逆流时恰如其分处理的心力？你的答案可能因时因事因地审时度势而有所不同，但思索是上天恩赐人类捍卫命运的盾牌。

每个人一生中都要扮演很多不同的角色。最关键的成功方法就是寻找到导航人生的坐标。没有原则的人会漂流不定。有正确的坐标。做什么角色都可以保持真我,会有不同程度的成就,并且生活得更快乐更精彩。

很多人总是把不当的自我管理与交厄运混为一谈,这是消极无奈和不负责任的人生态度。

我 14 岁还是穷小子时,对自己的管理方法很简单:我必须赚取一家人勉强存活的费用,我也知道没有知识我改变不了命运。我知道自己当时没有本钱但好高骛远,那时我也想飞得很高,但我不期望像希腊神话中的伊卡罗斯一样,凭借蜡做的翅膀翱翔而坠下。所以,我一方面谨守角色,虽然我当时只是个小工,我坚持把每样交托给我的事做得妥当出色,另一方面我绝不浪费金钱, 把省下来的一分一毫都用于购买实用的旧书。我知道要成功,怎能光靠运气。欠缺学问知识,运气来临的时候也不知道。

人生起伏无常,尤其是从事商业。穷人易做,穷生意难做。所以你们现在面临的困难,只是数千年来亿万无数生意人曾经面对的苦痛的一部分。但如果明白大富由天,小富在人,如果肯勤俭又有信心地面对现实,尽心经营,则俗语所说:“山重水复疑无路,柳暗花明又一村。”说不定不久你们又有一个好和新的局面。即使一切都不如意,退一步想,则海阔天空。

二、价值篇

（一）

寿命不可以日历来计算。

生命对于人来说只有一次。

人寿不在乎长短，最重要是活得有尊严。

一个人的地位高低，要看行为而定。

（二）

慎思明辨的心智和能力驱使我们对意义和价值的追求，促动创造精神，把经验转化成智慧，在顺境中和逆境中从容前进。

只要勤勤力力，发挥自己的力量，为别人服务，便是很好的做人目标了。

即使是个清道夫，只要他做好本分工作，对社会便有贡献，比一些只会独善其身、自私自利的人好得多。

士农工商，应该一视同仁，无论知识分子也好，从事教育、研究科技的专家或工业家也好，企业家或政治家也好，根本都是社会的大结合。

在世上要成就每一样真正有价值或者可以值得骄傲的事情，都必须具有正确的人生观，付出时间、努力、坚毅的意志和锲而不舍的奋斗精神，并且抱持自律、克己、积极学习的态度。

我们在注重科技发展的同时，亦不应忽略基本的人生价值，如伦理和谐、人际间的互相关怀、包容、诚信、公义，对大自然的尊重和爱护等，亦即所谓人文价值，如何把资讯科技与人文精神互相结合，是我们今后一个重要的课题。

（三）

做生意是为了赚大钱，但只要有门道就可以赚到，而友谊却很难用金钱来购买啊！

关于利，当今世上很多事情非财不行，用正当方法得到金钱，做有意义的事，便是正确的价值观。

（四）

人生的最大价值在于奉献！

一个人当他在生命的最后几分钟，想到曾为国家、民族、社会做过一些好事时也就心满意足了。

大家以崇高的价值观，付出爱心、精神，善用宝贵的资源贡献社会，共同为人生留下美好的种子。

所有建筑物和赠品，都不要写有我的名字！我个人是不求名的。

在我的有生之年，如果能为人类作出一些贡献，那么，我就心满意足、死而无憾！

（五）

实至名归的荣誉，才最值得珍惜。

我深信忠诚、正直、公正无私及同情心是重要和不可替代的价值观。

要建立个人和企业良好信誉，这是在资产负债表之中见不到但价值无限的资产。

有些人虽然在壮年或青年，短短的时间便消失了，但他的光芒可以使得民族、国家都会记下他那耀眼的光彩。

“如果”一词对我有新的意义，多层思量和多方能力皆有极大的价值。要知道“后见之明”在商业社会中只有很狭隘的贡献。人类最独特的不仅是我们有洞悉和思考事物本质的理智，而且我们有遵守承诺、矫正更新的能力和坚守价值观及追求目标的意志。

三、信念篇

（一）

中国在邓小平老先生思想指导下，在公正廉明有魄力、有远见的现有领导阶层的领导人的确定方针，现有市场经济发展主题下，我国的经济发展是飞跃腾进的，尤其是我看到整个国家的领导都是为了要人民生活过得更好，为全民创造更好的明天而努力，可以说现在正在写下民族光荣的史诗。

我个人认为现在已经是我们中华民族一个新世纪，在五千年文化中写下史无前例的一个民族新世纪，廿一世纪更会突飞猛进。

我们中华民族是个聪明的民族，只要政策和制度好，相信我们这一生可以看到我们的民族在世界上将普遍受到别人的衷心赞叹，亦让我们中华民族发出我们早应具有的光辉。

中国人并非傻瓜,中国迟早会找到正确的路向。

一个国家要繁荣昌盛,必须奋发图强。中央提出振兴中华,加速实现四化,这个决策非常英明,非常正确,舍此无以立国兴邦。

我国政府顺应民心,顺乎潮流,实行开放政策,使旅居各国华侨、港澳同胞更感报国有门。

对于中国前途,香港前途,我是充满信心,亦充满希望的。

香港的问题和中国有关联,一国两制、基本法,都是好的。个人来说,对基本法极有信心,最重要的一句话是:中国的改革开放,是中国整个领导层所订下的国策,都是为人民过好的生活而做的指标,为民族更兴旺而努力的。

一个国家闭门三十年而一旦全面开放,迈向市场经济,为求人民生活更好,为求民族更有前途,不能在发展过程中没有一点人为的小错误出现,有小错误出现是不稀奇的。

如一地的政治不能令民生及经济好,就不是好政治。

我相信自由,也相信自由和责任是并行不悖的。

(二)

文明社会的发展精髓在于多元汇聚,是建基于不同的传统文化及信仰。

我个人深信通过教育,人文精神和知识可承传和发展。

在今天,停滞的思想模式已变得不合时宜,这不是要弃旧立新,采取二元对立、非黑即白的思维,而是要鼓励传统的更生力,使中国文化更适用于层次多元的世界。

儒家的"仁义"、佛家的"慈悲"、道家的"济世"、基督教的"博爱"以及伊斯兰教的"净洁"都各有真理,我们要进行思想的耕耨,对各种信念要有更深入的理解,兼容并蓄,凝聚共识,才可真正知道人与人之间虽然存在很大差别,但仍可和而不同,融洽共处。

(三)

我的经营理念是:可以赚的钱应该赚,不过要合法合理。

我们应该珍惜现有的成就,珍惜已在康庄的道上行走,虽然开始有贫富不均的情况,但当一地富庶,邻近的地区一定得益,这是经济发展必然的现象。

我的宗旨是信奉中国的勤和悭俭,但我认为只可悭自己,不可悭别人。

(四)

一切进步与发展,都应以人类幸福为依归。没有这目标,发展就失去了意义。

我相信世上每一个人都有义务去维护人类的尊严。

我相信帮助他人对社会有所贡献,是每一个人必要的承担。

我相信强者特别要学习聆听弱者无声的呐喊;没有怜悯心的强者,不外是个庸俗匹夫。

我相信只有通过对真理和公平不断的追求,才可建立一个正义的社会。

只有坚守原则和拥有正确价值观的人,才能共建一个正直、有秩序及和谐的社会;一个没有原则的世界是一个缺乏互信的世界。

社会最重要的动力是安定和信心。

我相信没有精神文明,只有物质充斥的繁荣表象,是一个枯燥、自私和危险的世界。

信心的问题是建立在每个人心中,而不是一些人可影响的。

强者的有为,关键在我们能否凭仗自己的意志坚持我们正确的理想和原则;凭仗我们的毅力实践信念、责任和义务,运用我们的知识创造丰盛的精神和富足的家园;将自己生命的智慧和力量,融入我们的文化,使它在瞬息万变的世界中能历久常新;贡献于我们深爱的民族,为她缔造更大的快乐、福祉、繁荣和非凡的未来。

第二章　自律　励志　理想

讲究仪容整齐清洁是自律的表现，谁都能理解贫困的人包装选择不多，但能选择自律心灵态度的人更容易备受欣赏。

——李嘉诚

一、自律篇

（一）

我这个人有自己的傲骨，我并不是神仙。

如果你不过分显示自己，就不会招惹别人的敌意，别人也就无法捕捉你的虚实。

我做人的宗旨，在过去、现在、未来也是这样，就是不说能力可及以外的话，不吹牛，而是实实在在做事。

我表面谦虚，其实很骄傲，别人天天保持现状，而自己就老想着一直爬上去，所以当我做生意时，就提醒自己，如果继续有骄傲的心，迟早一定碰壁。

我们每个人无论知识面有多广，都同时一定要虚心，听听专家的意见。我常常是这样,假如一个项目我认为是不好的话,我还是非常虚心地听。

虽然科技的发展可以带给社会一定的进步,但道德操守和善良意志,才是良好社会不可缺少的基础。

在某些场合遇到些很重要、地位很高的人物,我从不会抢着占个位置,跟他们拍照,但有些人有学问值得我去学习,能跟他拍照,我会很高兴。

(二)

我做事喜欢低调,不爱宣传。

我不喜欢树大招风,喜欢默默地踏实去干。

做事要切实,生活要俭朴,对人诚信和建立良好的信誉十分重要。对别人慷慨和不断追求知识也很重要。

表面的权力,我向来都认为不重要,最好让别人(领导)做,而实际上要清清楚楚地有所表现。

我的性格,不会为五斗米折腰,亦不是做生意最叻的人。

眼光要放远,做好自己的工作,最重要的是充实自我。这样很多本来不可能的事,也可以变为可能。

(三)

在有危机的时候,我们更加要冷静、和谐。

人生会遭遇许多事,但有些事自己没法控制,有些事却可以自己控制。如你对物质要求不高,物欲心少一些,自己的精神负担也会少得多。

当我们面对镜中的自己,尽管不一定是梦想中和理想中最成功、最伟大、最有权力的人物,但一定不可以是一个我们所憎恶的形象。

每一个人都懂得批判别人,但不是每一个人都知道怎样自我反省。

一个人累了应该休息,这是一种享受而绝无恐惧。

尽量挤出时间使自己得到良好的休息。只有得到良好的休息,才会有充沛、旺盛的精力去面对突如其来发生的各种事情。

要成为好的管理者,首要任务是自我管理,在变化万千的世界中,发现自己是谁,了解自己要成为什么模样,建立个人尊严。

商人一定要严格规范自己,不论是在私生活上还是在业务上。

建立公平公正、有道德感、自重和具有守法精神的社会,才可为稳定、自由的原则赋予真正的意义。

讲究仪容整齐清洁是自律的表现,谁都能理解贫困的人包装选择不多,但能选择自律心灵态度的人更容易备受欣赏。

从教育得到知识是我们为明日前途的准备,但道德只可以在行为里体现,自由选择要扎根于对社会和民族的责任,这个世界是由个人组成的,我们的行为、我们的选择,都会影响我们能否和平、负责任和有礼地共存。

人在不同的阶段中,要经常反思自问,我有什么心愿?我有宏伟的梦想,但我懂不懂什么是有节制的热情?我有与命运拼搏的决心,但我有没有面对恐惧的勇气?我有信心、有机会,但有没有智慧?我自信能力过人,但有没有对顺境、逆境都可以恰如其分行事的心力?

二、励志篇

（一）

长江不择细流，故能浩荡万里。

长江之源头，仅涓涓细流东流而去，却能容纳无数支流，形成汪洋之势，由小到大。

长江是中国的母亲河，是中华民族的骄傲，长江浩荡万里，具有宽阔的胸怀。

长江取名基于长江不择细流的道理，因为你要有这样豁达的胸襟，然后你才可以容纳细流——没有小的支流，又怎能成长江？

如果不广泛吸纳细小的支流，就不能成为大河。

风华正茂的李嘉诚

花虽好看,但从石缝里长出来的小树,则更富有生命力!

我们做任何事,都应有一番雄心大志,立下远大目标,才有压力和动力。犹疑之间,寸阴即逝。

活着是一种参与,你要勇于思考、尊重科学、尊重原则,能感受、有追求、能关心,敢于积极,能经得起考验,骨中有节,心中有慈,心中有爱。

我这棵小树是从沙石风雨中长出来的,你们可以去山上试试,由沙石长出来的小树,要拔去是多么的费力啊!

(二)

现今的大前途是波澜壮阔的,所以一切是乐观的。

一个有志于实业的人,理当扬帆万里,破浪前进,去创建宏图伟业。

我们都可以拥有的潜质:无微不至的洞察力、争取知识的热诚、不断进取的毅力、不怕失败的自信。

不会只向往个人成就或满足于被视为经验丰富、懂得捕捉商机的工业家、企业家和专业人士的社会新地位;对自身及世界应具有深层的责任感,珍惜个人及社会的共同尊严。

在大学里寻求学问的可贵不是荣华富贵的保证，而是能够学以致用,作出对人类、对社会有益的建设和培养一种锲而不舍追求真理的精神。

今天我们面对的最主要的挑战是如何培育有责任感的公民,是怎样在具备进取思维的年轻人心中培植意志与能力,传承来民族未来真正的希望。

(三)

由今天起到跨越廿一世纪，我们可以展望到的是亚洲人的时代,亦是中国人的时代。

命运的定律并非永远友善及如人所愿,每人际遇不尽相同,各有成就及失落,但我们不能因困难而削弱意志,因逆境而感到沮丧。

只要有做人的目标,无论环境如何恶劣,受到什么挫折,都必须有信心、有毅力去战胜它,实现它。

今天的我,还是得努力地去克服我面对的困难和做我想做的事。这是我们要时刻对自己保持的高度要求,不单是为了我们本身,为了我们的下一代,为了我们心爱的祖国大地,亦是为了对我们彼此共存的世界作出贡献和创造更光辉的未来。

要有智慧客观地认清各种困境,要鼓起勇气,面对世界各种新的挑战,要有意志毅力克服重重障碍,互相鼓励,追求知识及反思,营造和谐、健康及有价值的社会。

三、理想篇

（一）

命运掌握在自己手里，也在我们梦想之中。

我相信有理想的人富有傲骨和诚信，而愚昧的人往往被傲慢和假象所蒙蔽。

中国强大起来，中国人的生活丰富起来，这就是我的希望。

中国要强盛起来，在国际上才会受到尊重。

中华民族要屹立于世界强国之林。

青年时期的李嘉诚

(二)

追求理想是驱使人不断努力的最主要因素。

正视“梦想”的增值作用,强化年轻人对未来的盼望是民族动力的催化剂。

在人生旅途中,我深深体会到王安石所说“丹青难写是精神”这一句话的重要。作为中华民族的一分子,我会竭尽所能贡献个人力量实现这个理想,不为名利,更不介怀别人的想法。

我一心要建立的不仅是中国人感到骄傲的企业,更是让外国人看得起的企业。

或许有一天我们会说,人类又破解了一个难题,又一次迈进,而这一切都始于我们同学的心中,他的一个疑问及他的梦想。

任何理想的实现,都不可总停留在空中楼阁的构想,而必须先奠定稳固的基础,然后循名责实,按照计划向目标迈进。

大家有勇气和信心,有不渝的坚持,我深信梦境一定会逐步成真。

要给国家带来强盛的希望,我们这一代便必须对国家的前途负责。

从哲学的角度而言,事物都是发展的。人的志向由儿时的梦想到以后成长中的实际情况,也是一个纵向发展的过程。这其中就涉及到两个环境:其一是你自己的理想所造就的;其二是现实生活所给你的。这两个环境都是你无法抗拒的,他们相互斗争的过程,也是磨炼你意志的过程。

第三章　勤奋　诚信　忠恕

我认为勤奋是个人成功的要素。

——李嘉诚

一、勤奋篇

（一）

说到辛勤与努力，我受之无愧。

勤奋是一切事业的基础。

我认为勤奋是个人成功的要素。

今天的商场要以知识取胜，只有通过勤奋的学习才能通往人生新天地。

要有毅力，不断学习，补充自己，增长智慧，方能追上时代。

（二）

我拼命创业的原动力就是随着环境的变迁而来。

创业的过程，实际上就是恒心毅力坚持不懈的发展过程。这其中并没有什么发达秘密，但要真正做到中国古老的格言所说的勤和俭也不太容易。

在逆境的时候，你要自己问自己是否有足够的条件。当我自己处于逆境的时候，我认为我够！因为我勤奋、节俭、有毅力，我肯求知及肯建立一个信誉。

我不看小说也不看娱乐新闻。这是因为从小要争分夺秒地“抢”学问。

我的学问、我的知识都是在有限的时间抢回来的。

我一直好勤力，有时间便自修，现时的人说求学问，我是偷学问。

（三）

运气只是一个小因素，个人的努力才是创造事业的最基本条件。

人家每天工作八小时，我做十六小时。

我在创业初期，几乎百分之百不靠运气，而是靠工作、靠辛苦、靠工作能力赚钱。

在20岁之前,事业上的成果百分之二百靠双手勤劳换来。

做事投入是十分重要的,你对你的事业有兴趣,你的工作一定会做得好。

一个人所获得的报酬和成果,与他所付出的努力有极大的关系。

只要勤奋,肯去求知,肯去创新,对自己节俭,对别人慷慨,对朋友讲义气,再加上自己的努力,迟早会有所成就,生活无忧。

我有韧性,能吃苦,因为我不计较个人得失,只是努力工作,努力向上,再加上忠诚可靠,反而一路进步,薪金也一路增加。

二、诚信篇

（一）

轻言诺，重信行。

不只是商人，一个国家亦是无信不立。

信誉是不可以金钱估量的，是生存和发展的法宝。

名誉是我的第二生命，有时候比第一生命还重要。

诚信是生存和发展的法宝，是不可以用金钱来估量的。

以信誉来说，要破坏它，只需很短的时间；但要建立自己的信用，便要花很长的时间。

一生之中，最重要的就是诚实守信。

我认为，世间事都逃不出一个理字。

终我一生，我还是要努力遵守“重信行”三个字。

当然以诚待人在我一生中有时也有伤害到自己的时候，在金钱或感情上受到伤害的情况也会有，不过我还是相信“诚招天下客”之原则。

古语尚有一句“无信不立”，相信你们多年来和我共事都深知道我对“信”这个字的重视。

（二）

以诚待人，是我生活上坚定不移的原则。

待人以诚,执事以信。

讲信用,够朋友。

你必须以诚待人,别人才会以诚相报。

因为我对他以诚相待,他也对我以诚相待。

你一旦答应了别人就要守诺言,否则不要口轻轻随意答应。

对于自己说出的每一句话、作出的每一个承诺,一定要牢牢记在心里,并且一定要能够做到。

做人处世应忠诚努力,遵守诺言,且要不断充实自己,追上瞬息万变的社会。

你要相信世界上每一个人都精明, 要令人信服并喜欢和你交往,那才最重要。

做人最要紧的是让人由衷地喜欢你,敬佩你本人,这些靠的不是你的财力,也不是表面上让人听你的。

有多少人信任你,你就拥有多少次成功的机会,“信”是什么东西?信是一种人格力量,是超越金钱的友情。所以,言必信,行必果,能帮上的忙则帮,但不可轻易许诺!

如果要取得别人的信任,你就必须做出承诺,一经承诺之后,便要负责到底，即使中途有困难，也要坚守诺言。

比如交朋友，如果你不是诚心相待，再老实巴交的人被你骗过一次，哪怕第二次还上你的当，到第三次就会识破你的。这时你的损失将不仅是失去一个朋友，你将失去大部分人对你的信任。

中国人说无信不立，一个人必须言之有信，不论是皇帝、是臣民，不被人信任，你都唔掂（不行）。

（三）

注重自己的名声，努力工作、与人为善、遵守诺言，这样对你们的事业非常有帮助。

我生平最高兴的，就是我答应帮助人家去做的事，自己不仅是完成了，而且比他们要求的做得更好，当完成这些信诺时，那种兴奋的感觉，是难以形容的……

我做什么事情都讲求诚实、诚信，以诚交友，虽然世界上有许多蛊惑的人，但如果你以诚待人，再加上有智慧你便好得多。

（四）

建立人家对自己的信心，于生意好重要，对做人处世也很重要。

信誉是从事商业的人一定要争取的名字。

跟我合作过、打过交道的人，都是智囊，数都数不清。

我做生意一直抱定一个宗旨，就是以诚待人和不投机取巧。

我靠一个“诚”字，为自己生意带来好大转折点。

在向客户作出承诺之后，无论碰到何种困难，都要履行对客户的承诺。

一个企业的开始意味着一个良好信誉的开始，有了信誉，自然就会有财路，这是必须具备的商业道德。就像做人一样，忠诚、有义气，对于自己说出的每一句话、作出的每一个承诺，一定要牢牢记在心里，并且一定要做到。

企业必须以诚信著称，给消费者一个实实在在的形象，不能蒙骗消费者。

对雇主许诺的事，无论遇到什么困难，也要千方百计地履行承诺。赢得雇主的信赖，比什么都重要！

一生到今天为止，所有与我合作过的人，没一个是以不愉快收场，个个合作都愉快，大家相处如自家人一样。这样做我认为值得。

一生之中，最重要的是守信。我现在就算再有多十倍的资金也不足以应付那么多的生意，而且很多是别人主动找自己的，这些都是为人守信的结果。

真正的合作要建立于诚信的基础上，为双方的共同利益而谋划。

要记住，要多赚一点钱，以今日的环境并不是困难的事，但要维持好名誉,那才是主要的。

例如做生意,你不老实,以次充好,你暂时会取得一点利益,你损失的将是你的信誉,那是用多少金钱、花多少时间也买不回来的东西。

对工作及产品负责的好信誉,最能带给消费者信心。

无论是在香港,还是在其他地方做生意,信用最重要。一时的损失将来还可以赚回来,但损失了信誉就什么事情也不能做了。

我做生意的原则是顾信用,够朋友。这么多年来,差不多到今天为止,任何一个国家的人,任何一个省份的中国人,跟我做伙伴的,合作之后都能成为我的好朋友,从来没有因一件事闹过不开心,这一点我是引以为荣的。

商业的存在除了创造繁荣和就业机会,最大的作用是服务人类的需求。企业本身虽然要为股东谋取利润,但“正直”是企业文化的基础,也可以视其为经营中的一项成本。一个有使命感的企业家应该努力坚持走一条正途,正直赚钱最好。

“天行健,君子以自强不息。”要保持企业生生不息,不仅是时下流行的介绍企业时在宣传册打上使命,或是懂得说上两句具有人文精神的语言,而是在商业秩序模糊的地带力求建立正直、诚实的良心。

失去信用最易导致关门大吉。

三、忠恕篇

(一)

人第一要有志,第二要有识,第三要有恒。

一个没有道德的人,终究成不了大事。

成就加上谦虚,才最难能可贵。

理性是智慧的泉源,愚昧是人类最大的敌人。

常常记得名誉是你的最大资产。

要用真心真意来取得对方的信心。

每一个人都希望站在人前,但我们是否知道什么时候甘为人后?

我做人的宗旨是对己刻苦，善待别人。

在个人为人处世方面，则要学中国古代的哲学思想。不断修身养性，以谦虚的态度为人处世，以勤劳、忍耐和永恒的意志作为进取的战略。

文明一定要靠知耻，要有良心，不能靠打人家，骂人家，否则午夜梦回也不好受。

一时的损失，将来是可以赚回来的；但损失了信誉，就什么事情也不能做了。

（二）

再有学识再成功的人，也要抵御命运的寒风。

对人要守信用，对朋友要有义气，‘义’字，实在是终身用得着的。

如果你对一个为非作歹的人也以诚相待，他会以为你是一个傻瓜，但你如何去挑选人合作，就体现智慧。

一个有信用的人，比起一个没有信用、懒散、乱花钱、不求上进的人，自必有更多机会。

我们常常只会希望改变别人，我们哪知道什么时候改变自己？

我们生活在社会中，要与社会互动，懂得如何与自己相处，以及如何与别人相处。

凡事都要留有余地,因为人是人,人不是神,难免有错处,可以原谅人的地方,就原谅人。

你要别人信服,就必须付出双倍使别人信服的努力。

快乐不是因为拥有的多,而是付出的多,计较的少。

以广博的心胸去容纳他人的意见,集思广益,将令你的前路更加坦荡。

当你们想获得成功的时候,你有没有刻苦的准备?

有才能的人毛病多,这几乎是人类的通病。如果你能容忍他们的缺点,那么他们就能在你手下愉快地工作。

能力再强的人,尽管你能征服全世界,没有容人的胸襟你也装载不了成就。

要建立同心协力的团队。第一条法则就是能聆听沉默的声音,你要问自己团队和你相处有无乐趣可言,你可不可以做到开明公平、宽宏大量,而且承认每一个人的尊严和创造能力。

作为一个领袖,第一,最重要的是“责己以严,待人以宽”;第二,要令他人肯为自己办事并有归属感。

当你们有野心做领袖的时候,你有没有服务于人的谦恭?

今天社会对“精英”一词有很多定义和误解,对我而言,如果你们能够坚定捍卫你们净洁能反思的心,能努力凭正直取得成就,能对别人的成功不存妒忌,能关怀无助贫弱的人,你就是我心中的精英。

老子教人大智若愚,深藏若虚,凡事要留有余地,才是待人接物的最高准则。

做大事者要站在高处览天下,这样既看得远,又想得深,更做得大。

一个人吃蕉不可以只是要蕉肉,剩下些蕉皮不理。即是说我要吃得挑肉吃,但香蕉皮不要。可不可以?

大家要有同理心,能易地而处,张开心胸去体会来自世界各地不同文化、不同种族的人们的所思所想,才可以超越种族、性别、年龄、文化及其他隔膜,不单要努力提升自己,更要致力建立社会共同的尊严,否则我们在全球化的过程中要能彼此和谐相处,只是遥遥不可及的希望。

真正爱香港的人或者政党,一定会顾及经济同民生,不会因为争选票而发出反对声音,要记住,争取民主也要顾及法律和秩序,不能牺牲他人利益。

有机会表达意见时,一定要讲真话,我认为最怕有人有机会表达意见而没将香港实际情况讲出来,那对香港是一种危害!

(三)

面对机遇,要理智把握;面对困难,要理智面对。

好的时候不要看得太好，差的时候不要看得太差。

做生意不能蛮干斗勇，强人所难。容人，纳人，友善交易才是上上之策。

商道即人道，“做人”与“做生意”的道理其实是一样的。

我喜欢友善交易，这是我的哲学。

要做好生意，最重要的不是积累金钱，而是积累人心。

利人才能利己，使双方均能受益。

有时你看似是一件很吃亏的事，往往会变成非常有利的事。

做人最要紧的，是让人由衷地喜欢你，敬佩你本人，而不是你的财力，也不是表面上让人听你的。

世界上任何人都可以成为你的核心人物。老板也要讲义气！

对于商人来说，最可怕的是止步自满，满足于眼前的一些小利润，因为这种满足感等于失去前行的动力，要想做大事业必须对自己已有的成就永不满足。

第四章 经营 竞争 策略 管理

我的座右铭是:“进取中不忘稳健，稳健中不忘进取。”

——李嘉诚

一、经营篇

（一）

正如俗语说："穷人易过，但穷生意难过。"

不论做什么生意，必先了解市面的需求。

我的座右铭是："进取中不忘稳健，稳健中不忘进取。"

有人买就是市场，市民购买力就是市价。

商机无处不在，关键在于发现。

不怕没生意做，就怕做断生意。

在市场抛弃你之前，你必须懂得首先松手。

1990年11月22日，李嘉诚陪同霍德爵士出席“和黄”集团下属的香港葵涌7号货柜码头开幕典礼

做生意不是硬技术，而是软科学。

研究商品过剩或短缺的情况，就会懂得物价涨跌的道理。

物价贵到极点，就会返归于贱；物价贱到极点，就会返归于贵。

当货物贵到极点时，要及时卖出，视同粪土；当货物贱到极点时，要及时购进，视同珠宝。

收购不像买古董，不是非买不可。

只有充分掌握市场状况，对这一行业未来至少是一到两年的发展前景有了预测，那么你面对每一件事情，就会简单得多，准确得多。

体验营销的最大优势在于增强了买卖双方的互动性，让部分消费者“亲身尝试”，从而达到全面推向市场的目的。

（二）

有钱大家赚，利益大家分享，这样才有人愿意合作。

做生意要学会与人合作，在合作中共同发展，这样才能形成强强联合。

抓住机遇，强强联合，优势互补，就能带来双赢的良好局面。

如果一单生意只有自己赚，而对方一点也不赚，这样的生意绝对不能干。

有人说如果我们将码头业务出售，可以获得50、60倍的市盈率，我们不是不懂得买卖，但集装箱码头是我们的核心业务，这么多年建起来，不会随便卖掉公司的控股权。

重要的是首先得顾及对方的利益，不可为自己斤斤计较。对方无利，自己也就无利。

顾及对方的利益是最重要的，不能把自己仅仅局限在利益上，二者是相辅相成的。自己舍得让利，让对方得利，最终还是会给自己带来较大的利益。

（三）

我一生最好的经商锻炼，是做推销员，这是我今天用10亿元也买不来的。

推销网络一定要有突破，才能够取得合理的价格和前途的保证，虽然这不是一件轻易的事，但最终亦是一件非做不可的事，工厂的规模和决心是推销突破的关键。

商人必须亲理业务。他不能指望他的雇员能像他一样，又能做又能思想。如果他们能，他们就不会是雇员了。

精明的商家可以将商业意识渗透到生活的每一件事中去，甚至是一举手一投足。

经商者要保持思维的灵活与高效，只有这样才能抓住稍纵即逝的机遇，节省人力物力。

对工作及产品负责的好信誉，最能带给消费者信心。商人必须顾及品质保证以及维护消费者的利益。值得大众依赖的厂商，毫无困难地能使订单源源不断。

创业的过程，实际上就是恒心和毅力坚持不懈的发展过程，这其中并没有什么秘密，但真正做到中国古老的格言所讲的“勤”和“俭”不太容易。

不要与业务“谈恋爱”，也就是不要沉迷于任何一项业务。

老板养活员工,是旧式老板的观点;应该说是员工养活老板、养活公司。

一个有使命感的企业家,应该努力坚持走一条正途。这样我相信大家一定可以得到不同程度的成就。

(四)

扩张中不忘谨慎,谨慎中不忘扩张。

创造市场影响力是增加销售非常有效的途径。

要扩张自己的生意和努力,把自己的地盘扩大是首要之务。

商人必须不断寻找新的办法,来改良产品及服务,以求增加生产、销售和降低成本。

中国的企业机会很多,但要做一个成功的跨国企业,你的市场必须靠自己建立起来。我50年代创业不久就直接找到国外市场,摆脱了代理,现在国内企业有自己市场的并不太多,值得深思。

永远不要忽视或遗漏任何合法的扩张机会。但另一方面,商人也永远要保护自己,不致受诱惑,作盲目的扩张计划,而事先却缺乏充分的判断及考虑。

商人一定要不断寻找新的或未经开发的市场。世界上大部分的人和地方,都盼望能买到外国货,精明的商人要向国外市场动脑筋。

做生意必须要有大手笔、大投资，才能赢得大收益。

（五）

要别人买你的东西，不想被推掉就必须在事前想到应付的办法。

不能存有把被收购企业当作古董孤品非买不可的心理。

任何一种行业，如有一窝蜂的趋势，过度发展，就会造成摧残。

凡事必有充分的准备，然后才去做。我一向做生意，处理事情都是如此。

任何事业均要考量自己的能力才能平衡风险，一帆风顺是不可能的，过去我在经营事业上曾遇到不少政治、经济方面的起伏。我常常记着世上并无常胜将军，所以在风平浪静之时，好好计划未来，仔细研究可能出现的意外及解决办法。

当一个项目发生亏蚀问题时，即使所涉金额不大，我也会和有关部门商量解决问题，所付出的时间表和以倍数计的精神都是远远超乎比例的。

我说，“自己身为中国人，自然为近期内地股市的情况担心”。后来，上海A股市场从当年的最高6124点，跌到最近的2700多点。现在我要说，金融企业及宏观经济尚有一段时间会受到困扰，投资经营要更加小心。

一向以来，我做生意处理事情都是如此。例如天文台说天气很好，但我常常会问自己，如果5分钟后宣布十号台风警报，我会怎样？在香港做生意，也要保持这种心理准备。

（六）

货物、钱币的流通周转要如同流水那样生生不息。

经营一间较大的企业，一定要意识到很多民生条件都与其业务息息相关，因此审慎经营的态度非常重要，比如说当有个收购案，所需的全部现金要预先准备。

范蠡“积贮之理”的目的是务求货物完好，没有滞留的货币和资金，容易变坏的货物不要久藏，切忌冒险囤居以求高价。

（七）

钱要赚，但原则也要讲。

我的原则是做长生意，做大生意，薄利多销，互利互惠。

中国古老的生意人有句话，“未购先想卖”，这就是我的想法。

充满商业细胞的商人，赚钱可以是无处不在、无时不在。

当生意更上一层楼的时候，决不能贪心，更不能贪得无厌。

大方向定下后，再思考在小的方面如何做得更好。小的判断再准确，大方向出现偏差,亦属徒然。

经商求利,但不能只为利而采取令人心跳的手段。小商人总会在各方面挖利润,但大商人则是舍小利,求大利。这不是简单的互换原则,而是对获利之道的聪明之举。

我觉得,中国人是个聪明的民族,但我们中国的企业需要更精益求精。同样一道工序,比如生产一支笔,你做到了百分之九十的程度,可能只卖三元钱,你做到百分之百的程度,也许售价会高得多。认真追求最美好的产品,应该是我们中国人的企业的方向。

当我购入一件东西时,会作最坏的打算,这是我在百分之九十九的交易前,所要想的事情,只有百分之一的时间,是想到可赚多少钱。

商业的存在除了创造繁荣和就业,最大作用是服务人类的需要。企业是为股东谋取利润,但应该坚持为固定文化,这里经营的其中一项成就,是企业长远发展最好的途径。

投资任何公司,固然要着眼其眼前的赢利能力,但也要考虑其亏损的可能性。赚钱的理由很容易看到,但亏本的因素未必容易看清,那你应该考虑哪个方面多一点?我经常打的一个比喻,是驾船出海之前想好如果天气突变怎么办,也就是总要思考最坏的情况下,我要怎么应对。我除了用很多时间考虑失败的可能性外,还会反复研究哪些行业对我们是未来的机会,哪些行业风险高,哪些生意今天很好,但十年之后优势不再,哪些今天欠佳,十年之后却风景秀丽。比如石油公司赫斯基,最初大家并不看好,但我却一直很有信心,这是由于我平时对经济、政治、民生、市场供求、技术演变等一切与自己经营行业有关或没有直接关系但具影响的数据及讯息,全部都具备所有详细数据,加上公司内拥有内行的专家,当机会来临时我便能迅速作出决定。

(八)

有一句话,我牢牢记住:“穷人易过,穷生意难过”,你再穷,你不能吃好的白米,你可以买最便宜的米,还是可以过,人家吃肉,你可以吃菜,最便宜的菜,但是穷生意很难,非常难。所以小心翼翼,可以讲,如履薄冰。

中国在过去几百年来,自康熙以后国家一直极弱,原因是不重视工商。很多企业有创意,有好的经营方法,令国家财富与日俱增,对国家贡献绝对不下于士、农、工。

企业经营过程中,内部的保密制度十分重要,特别是在商业谈判中,更应禁忌向对方透露自己的底牌和目的。

做生意主要有三种方式:一是创新,二是改进,三是跟风。创新吃的就是‘一招鲜’,虽然不易,一旦使出来,却费力少而收获大;改进是在别人的基础上做得更好,虽不易造成轰动,后劲却很足;跟风是跟在别人后面亦步亦趋,这样做起来较容易,风险也较小,但跟吃人的残羹冷饭差不多,收获有限。

“好谋而成、分段治事、不疾而速、无为而治”。“好谋而成”是凡事深思熟虑,谋定而后动。“分段治事”是洞悉事物的条理,按部就班地进行。“不疾而速”,你靠着老早有这个很多资料,很多困难你老早已经知道,就是你没做这个事之前,你老早想到假如碰到这个问题的时候你怎么办。由于已有充足的准备,故能胸有成竹,当机会来临时便能迅速把握,一击即中。如果你没有主意,怎么样“不疾而速”。“无为而治”则要有好的制度、好的管治系统来管理。

李嘉诚投资建造的北京东方广场

人们赞誉我是超人，其实我并非天生就是优秀的经营者。到现在我只敢说经营得还可以。我是经历了很多挫折和磨难之后才领会一些经营要诀的。

我绝对否认（无奸不商）这句话，唯利是图的人未必一定是商人。试问哪个行业最清高？也不可以说某些被认为是清高的人中没奸诈之人。我几乎可以说每一个行业里都有奸诈之人，部分商人自然也不能例外。

二、竞争篇

(一)

竞争与市场环境紧密相连。

做生意不可能永远都一帆风顺,竞争是免不了的。

要想有必胜的把握,就得建立绝对优势。

在商场竞争,要建立良好的信誉,便有助事业的发展。

不必再有丝毫犹豫,竞争即是搏命,更是斗智斗勇。倘若连这点勇气都没有,谈何在商场立足,超越置地!?

商场如战场,单枪匹马的勇士,总不如一支军队强大。事业有了,但不能停滞不前,而要勇于向前看,积极地令其发展。

世界上任何一家大型公司,都是由小到大,从弱到强。

灵活的架构让不同业务的管理层有自我发展的生命力，互相竞争，大家攀比着怎样做得更好,个人由此寻找到更佳的发展机会,同时带给公司最大利益。

很多人常常有一个误解，以为我的公司快速扩展与垄断市场有关，其实我的公司跟一般小公司一样,都是在不断竞争中成长的。当我们进入不同行业时,市场内已经存在比我们更强的竞争对手,并且由他们担当主导角色。那么,老五老六究竟是如何变成第一第二的?

（二）

经商为的是利润不是为了竞争,如果有利可取就参与竞争,不然就要退出。

落后和不适应现代科技发展的文化,将很难追上时代的步伐而易被淘汰。

机遇是不可以用金钱估量的,是生存和发展的法宝。但要把握好机遇,就得敢于挑战竞争对手。

很多关于我的报道都说我懂得抓住时机,那么时机的背后又是什么呢? 我认为,抓住时机首先要掌握准确的最新资讯,而能否掌握时机是看你能否在适当的时候发力,走在竞争对手之前。时机的背后最重要的因素就是知己知彼。

个人以至国家民族的竞争,都会依循着优胜劣汰的历史规律,知识水平的高低是竞争成败的主要条件。

当我着手进攻的时候,我要确信有超过百分之一百的能力。换句话说,即是本来有一百的力量足以成事,但我要储足二百的力量才去攻,而不是随便去赌一赌。

企业必须以市场为导向、以创新为手段、以效率为核心,重建企业形象。这是企业形成核心竞争的关键所在,也是在未来竞争中企业能够取胜的一个重要法宝。

世界在变化中,很自然“行”也要变。

(三)

大家在一方天空下发展,竞争兼并,不可避免,即使这样,也不能抛掉以和为贵的态度。

扩张竞争也要以和为贵,求得双赢。

最要紧的就是要追求最新的资讯,做哪行都是一样。

要想有必胜的把握,就得建立绝对优势,以绝对的力量压制对手,以绝对的气势震慑对手。

力争上游,虽然辛苦,但也充满了机会。我们做任何事,都应该有一番雄心壮志,立下远大的目标,用热忱激发自己干事业的动力。

我们需要思变求变,懂得将别的地区的潜力,化为自己的“东风”,

1988年，李嘉诚与香港商界知名人士在新加坡投资兴建新连城时的合影

进而与竞争对手并驾齐驱。

最重要的是事前要吸取经营行业最新、最准确的技术、知识和一切与行业有关的市场动态及讯息，才会有深思熟虑的计划，让自己能轻而易举在竞争市场上处于有利位置。

能否抓住时机和企业发展的步伐有重大关联，要抓住时机，要先掌握准确资料和最新资讯，能否抓住时机，是看你平常的步伐是否可以在适当的时候发力，走在竞争对手之前。

要清楚,无论从事什么行业,都要比竞争对手做好一点。就像奥运赛跑一样,只要快十分之一秒就会赢。

在剧烈的竞争当中多付出一点,便可多赢一点。就像参加奥运会一样,你看一、二、三名,跑第一的胜出第二及第三就是快了那么一点点。尤其是跑短程的可能是只赢一点,所以快一点就是赢!

2002年集团业务已遍布 41 个国家, 雇员人数逾 15 万。我个人和公司都是在竞争中成长,我事业刚起步时,除了个人赤手空拳,我没有比其他竞争对手更优越的条件,一点也没有,这包括资金、人脉、市场等。

踏入新世纪,香港将充满机会,但机会不会坐着等你,若奢望机会可以轻易到手的话,是绝对不可能发生的事情。

我们长江要生存,就得要竞争,要竞争,就必须有好的质量。只有保证质量,才能保证信誉,才能保证客观,才能保证长江的发展壮大。

正正当当做一个商人是不容易的,因为竞争越来越大。如果个人没有原则,从一个不正当的途径去发展,有的时候,你可以侥幸赚一笔大钱,但是来得容易,去得也容易,同时后患无穷。“知止”是非常重要的。

三、策略篇

(一)

人弃我取,趁低吸纳。

趁低吸纳,见好就收。

最重要的是,早上的事,下午必须有决定或答复。

无论我们决策的理念多么崇高或具有理据,但如果罔顾决策的实际后果,都可能对别人带来不堪设想及难以补救的影响。

成功的现代企业,在做出重要决策前都会经过最高管理层详细研究,充分咨询了解、集思广益、掌握全面情况后才做出适当的决定,不会因个人意向而影响大局。

作为企业领导,必须具有国际视野,能全景思维,有长远的眼光,务实创新,掌握最新、最准确的资料,做出正确的决策;同时做到迅速行动,全力以赴。

我的所有决定,都必须按照现实的情况做取舍,在必要的时刻,及时做出对公司、对股东最有利的决定。

一个具有合理智力结构的决策者,不仅能使每个人人尽其才,而且通过有效的结构组合,迸发出巨大的集体能量。

我常说"审慎"也是一门艺术,是能够把握适当的时机做出迅速的决定,但是这不是议而不决、停滞不前的借口。

决定一件事时,事先都会小心谨慎研究清楚,当决定后,就勇往直前去做。

在经济转型过程中,痛苦无可避免,但必须支持港府应变的策略,发展有能力、有基础的事业。

每一个决定都经过有关人员的研究,要有数字的支持。我对数字是很留意的,所以数字一定要准确。

决策任何一件事情的时候,应开阔胸襟,统筹全局。但一旦决策之后,则要义无反顾,始终贯彻到底。

在任何危急关头,商人都必须坚持镇定的心态,一定要在最清醒的时刻看清局势,做出重要决策,不可因急性病而痛失一切。

我不会因为今日楼市好，立刻购下很多地皮，从一购一卖中牟取利润，我会看全局。在决定一件大事之前，我很谨慎，会跟一切有关的人士商量。

决定大事的时候，我就算百分之百的清楚，也一样召集一些人，会合各人的资讯一齐研究。这样，当我得到他们的意见后，看错的机会就微乎其微。

在决定一件大事之前，我很审慎，会跟一切有关的人士商量，到我决定一个方针之后，就不再变更。

做任何决定之前，我们要先知道自己的条件，然后才知道自己有什么选择。在企业的层次，要知道自己的优点和缺点，更要看对手的长处，掌握准确、充足资料，然后做出正确的决定。

(二)

如果离开了必要的策略，就成了蛮干。

只有出奇制胜，才是强中强。

只有随机应变，以变应变，才能打开局面。

做生意随机应变很重要。不要得意忘形，过度的自信会招致失败。

彻底了解市场的需求，才能百战百胜。

一个商人只有懂得把握时局，才能鹏程万里，大展宏图。

未攻之前，一定先要守，每一个政策实施之前都必须做到这一点。

最重要的是有远见，杀鸡取卵的方式是短视的作风。

要成就任何事情，一定要有宽阔的视野和前瞻的目光。

做生意必须灵活如兔，不断变换思维的角度和做事的方式，以让自己处于优势之中。

识时务者为俊杰。善于把握时局的人，不管是前进还是后退，都能占尽先机。

有人喜欢凭直觉行事，但直觉并不是可靠的方向仪。

面对不利商情，要舍卒保帅，舍小保大，才能减少损失。

只有争取了解对方，争得同步，才有超越对方的可能，这就像军事家所说的“知己知彼，百战不殆”。

把握时机最重要的是做到知己知彼。其实，时机背后的几个重要因素还包括“磨砺眼光、设定坐标、毅力坚持”。

幸运只会降临在那些胆大心细、敢于接受挑战但是又能够谨慎行事的人身上。

要锻炼识别风险的眼光，巧妙地避开风险，在危险处搏利润。

看清形势，选择等待，有时也不啻为做人经商的好计谋！

李嘉诚摄于长江实业集团办公室

做任何决定之前,我们要弄清自己的条件,然后才知道自己有什么选择。我们要和对手相比,知道自己的优点与缺点。尤其是我们要看到对手的长处。人们经常花很多时间去发掘对手的缺点,其实看对手的长处更为重要。

我常常记着世上并无常胜将军,所以在风平浪静之时,好好计划未来,仔细研究可能出现的意外及解决方法。

做生意一定要同打球一样,若第一杆打得不好的话,再打第二杆时,心更要保持镇定及有计划。

古希腊的阿基米德（Archimedes）曾说："给我一个支点，我可以举起整个地球。"好的管理者，要精算出企业的支点，支点的正确无误才是结果的核心。

精明的商人只有嗅觉敏锐才能将商业情报作用发挥到极致，那种感觉迟钝、闭门自锁的公司老板常常会无所作为。

在商业竞争中，作为企业领导人要具有灵活的商战谋略以及卓越的领导才能。只有具备以上素质和特征的领导人才能成为商战中的常胜将军。

未雨绸缪的目的在于预先周密安排好可能出现的事物以尽量争取时间和提高效率。

作为领导层，每天应花更多时间去计划未来。

在求人时，必须把自己当成商品，同时化身为这件商品的超级业务员，向别人证明这件商品值得他投资。

遇到困难，并不一定非得改变自己的原有计划，有时不变也可能是应变的最好方法。

倘若下一秒钟有什么变化的话，我想我能够勇于应付的，因为我时刻都做好了迎接下一秒风暴来临的准备。

聪明而谨慎的商人既然知道是山雨欲来风满楼，那么在经济过热、炒风过劲时，就应该认真研究整个市场趋势，要居安思危，该出货时，要毫不犹豫地出货。

能在不景气的时候大力发展，就是在市场旺盛的时候要看到潜伏的危机，以及当它来临时如何应对，这是需要具备若干条件的。

“知道要打仗，就要做好战备；要了解货物，就要明白何时出现需求”，“旱时，要备船以待涝；涝时，要备车以待旱”。强调人们不仅要尊重客观规律，而且要运用和把握客观规律，应用在变化万千的经济现象之中。

我经商的两大战术是：第一，是彻底了解市场的需求，才能百战百胜；第二，我每逢作出商业决定前，总先会将其可能性研究得清清楚楚。

幸运成就不了常胜将军，真正的胜者是会做长线投资的人；只看重眼前利益，热衷短期投资的人永远只能做个朝不保夕的投资者。

“好谋而成”是凡事深思熟虑，谋定而后动。“分段治事”是洞悉事物的条理，按部就班地进行。“不疾而速”，就是你没做这个事之前，你老早想到假如碰到这个问题的时候你怎么办。由于已有充足的准备，故能胸有成竹，当机会来临时，能迅速把握，一击即中。

做生意的过程既是钱与钱的交易过程，也是心理与心理的斗争过程，就像打牌的人，永远不想让对方知道自己的底牌一样，做生意的人，是绝对不会把自己的腰包掏出来让人看的。

一个总司令，是一个集团军的统帅，拿起机关枪总不会胜过机关枪手，走到炮兵队操作大炮也不如炮兵。但作为集团军的总司令不要管这些，只要懂得运用战略便可以，所以整个组织十分重要。

局势如何,应以大势而定,如自身实力强弱、市场低潮或景气等,而不能被一时困难所迷惑。在大势有利于我时,如果实力稍弱,也可一拼;在大势不利于我时,唯有忍耐才是上策。

作为一个庞大企业集团的领导人,你一定要在企业内部打下一个坚定的基础。未攻之前一定先要守,每一个政策的实施之前都必须做到这一点。当我着手进攻的时候,我要 makesure(确信),有超过百分之一百的能力。换句话说,即是本来有一百的力量足以成事,但我要储足二百的力量才去攻,而不是随便去赌一赌。

在战争中,高明的统帅对敌手施计用谋,多着眼于"服其心",注重从精神上给敌人以威慑、瓦解和征服。在商业领域,攻心的策略运用得最多、最普遍,特别是在市场营销方面,更需要从"攻心"入手,赢得顾客的芳心。

一向以来,我做生意处理事情都是如此。例如天文台说天气很好,但我常常会问自己,如果五分钟后宣布十号台风警报,我会怎样?

睿智的重要作用是可以引导人生走向正确成功之路,经商更需要睿智,如此才能保证出手时不失手。

天时、地利、人和是商业兴隆的因素,但必须靠个人去创造和争取。要想取胜,单刀直入有时不如迂回前往,稳步推进。

哪怕预测一年后的情况都是很难的,更不要说预测十年后的情况,预测十年是愚蠢的。计划应该是尽可能的短期,应该具有灵活性,并且应该具有足够的适应性。

你们没有看到我想举右手时,就用左手使劲捉住;想举左手,就用右手使劲捉住。

虽说“谋事在人,成事在天”,但是如果我用尽可能地朝天时、地利、人和的方向努力,那么我们成功的几率就会大很多。

商场上没有永远的朋友,只有永远的利益,精选收购对象,适时出手,是收购者必须注意的。

经商一定不能缺少勇与谋,两者是相辅相成的,凡遇小利能沉着冷静者,必当能在商战中谋取大利。

在经济转型过程中,痛苦无可避免,但必须支持港府应变的策略,发展有能力、有基础的事业。

正像日本商人觉得本国太小,需要为资金寻找出路一样,香港的商人也有这种感觉。说一句大家都明白的道理,不要把所有的鸡蛋放在一只篮子里。

四、管理篇

（一）

管理之道,简单来说是知人善任。

管理之道,其实非常简单,就是和下属沟通。

只要组织正确,便能长存。

“一言堂”不对,“一盘散沙”也不对。

管理中最重要的部分是赢得人心。

要重视员工的向心力。

（二）

要当领袖而不是老板。

领袖领导众人，促动别人自觉甘心卖力；老板只懂支配众人，让别人感到渺小。

统帅只有明白整个局面，才能做出出色的统筹和指挥下属，使他们充分发挥最大的长处以及取得最好的效果。

要成为领袖，基本的素质一定要有，小企业每样事情都要亲身处理，所谓“力不到、不为财”；至于中型企业和大型企业，则一定要有组织。

领导的全心努力投入与热诚是企业最大的鼓动力，透过管理层与员工之间的互动沟通、对同事的尊重，这样才可以建立团队精神。

聪明的管理者专注研究精算出的是支点的位置，支点的正确无误才是结果的核心。

作为一个企业的领导者和管理者，要深刻了解自己应何时担当领头羊，何时担当牧羊犬的角色，就必须认识到企业所处的不同发展阶段。

要做一个成功的管理者，态度与能力一样重要。想当一名好的管理者，首要任务是知道自我管理是一项重大责任。在变化万千的世界中，发现自己是谁、了解自己要成什么模样是建立尊严的基础。

作为一个庞大企业集团的领导人，你一定要在企业内部打下一个坚定的基础。

作为成熟的企业领导人，一定要注意企业的公关形象，要在社会上树立一个正派、可靠的企业形象。

好的管理者，其真正的艺术在于其接受新事物、新思维，于传统中更新的能力。人的认知力由理性和理智的交融贯通，我们永远不是也永远不能成为“无所不能的人”。

我认为，自我管理是一种静态管理：是培养理性力量的基本功，是人把知识和经验转变为能力的催化剂。

知识需要和意志结合，静态管理自我的方法要伸延至动态管理，理性的力量加上理智的力量，问题的核心在于如何避免聪明组织干愚蠢的事。

（三）

公司的行政一定要完善。要让公司运作很好，靠组织，靠制衡。

有人问我，企业做大后靠什么控制它，靠人还是靠制度？我的回答是，一定要靠制度，靠人绝对不成。对最信任的人也一定要有监察与制衡。

要让公司运作得好，靠组织靠制衡和固定的会议。会议先听他们说，逐一讲出他们的看法及数据，他们讲后我又向他们做出最后的结论。

灵活的架构可以为集团输送生命动力，还可以给不同业务的管理层自我发展的生命力，甚至让他们互相竞争，不断寻找最佳发展机会，带给公司最大利益。

大家一定要知道,企业越大,单一的指令行为是不可行的,因为这会限制不同的管理阶层,发挥他的专业和经验。

一个有效率的机构,它的先决条件就是必须先建立一套健全的规章制度,使机构内人人行事有规可循、有法可依。

我在1979年收购和黄的时候,首先思考的是如何结合中国人流畅的哲学思维和西方管理科学找出一个适合公司发展与管理的坐标, 然后建立一套灵活的架构,建立诚信和宽容为核心的企业精神,以确保今日的扩展不会变成明天的包袱。

(四)

三国其实是最佳管理学教材。深入分析三国的每一场战役、每一个决策,就如同上了一堂宝贵、实用和有趣的管理课。

工商管理方面要学西方的科学管理知识,但在为人处世方面,则要学中国古代的哲学思想,要不断修身养性,以谦虚的态度为人处世,以勤劳、忍耐和永恒的意志作为进取人生的战略。

我认为要像西方那样,有制度,比较进取,用两种方式来做,而不是全盘西化或者全盘儒家。儒家有它的好处也有它的短处,儒家进取方面是不够的。

政策的实施要沉稳持重,在企业内部打下一个良好的基础,注意培养企业管理人员的应变能力。决定一件事之前,应想好一切应变办法,而不去冒险妄进。

决定大事的时候,我就算百分之一百清楚,我也一定召集一些人,汇合各人的资讯一齐研究。因为始终应该集思广益,排除百密一疏的可能。这样,当我得到他们的意见后,看错的机会就微乎其微。

一个真正优质的企业,只有组织正确,有一套健全的制度和科学的管理,便能生存并继续向前发展。

“无为而治”则要有好的制度、好的管治系统来管理。

有好人才仍须有良好组织和制度的制衡,以免不慎动摇公司基础。

没有自己的家人加入公司工作,并不是一件非常严重的事,最重要的还是公司行政一定要组织完善,在完善的制度下自动产生的接班人,才是良好及永久的接班人。

用人是管理机制的核心;而要做到“人尽其才,才尽其用”,激励是关键;但要真正“激活人”,其实质是要建立一个高效的激励机制。

管理人员对会计知识的把握和尊重,正现金流的控制,公司预算的掌握,是最基本的元素。还有两点不要忘记:第一,管理人员要在脆弱环节上特别花心思;第二,在任何组织内优柔寡断者和盲目冲动者均是一种传染病毒。前者的延误时机和后者的盲目冲动均可使企业在一夕间造成毁灭性的灾难。

要改变传统的企业形象,作为企业管理者主要着重考虑质量形象、信誉形象、服务形象等几个方面。

(五)

作为企业界的管理者,看准了人才,就要放手使用,充分信任,为其创造有利的环境,提供必要的支持。

企业并不缺乏人才,而是不善于发现人才。管理者应该学会重新"雇用"公司内优秀的员工,识其才干,发挥其优势。

我们所有的行政人员,每个人都有他的职责,有他自己的消息来源、市场资料,当我们决定一件比较大的事情时他们就派上用场了。

给下属树立高效率榜样。集中讨论具体事之前,应提早几天通知有关人员准备资料,以便对答时尽量精简,从而提高工作效率。

要信赖下属。公司所有行政人员,每个人都有其消息来源及市场资料。决定任何一件大事,应召集有关人员一起研究,汇合各人的资讯,从而集思广益,尽量减少出错的机会。

我个人的经验来讲,最要紧的是要定出正确的方针,但是你制定出正确的方针之前一定要拿到最确实的资料,这是绝对不能错的。

在开会之前,对方一定要明白我要求什么,我也要完全明白对方的要求是什么。

我开会很快,四十五分钟。其实是要大家做"功课"。当你提出困难时,请你提出解决方法,然后告诉我哪一个解决方法最好。

一家小一点的家庭式公司是要一手一脚去做，但当公司发展大了，便要让员工有归属感，令他们安心，这是十分重要的。

一个企业就像一个家庭，员工是企业的功臣，理应得到这样的待遇。现在他们老了，作为晚一辈，就该负起照顾他们的义务。

对一个职工，如果他平时工作马马虎虎，我会十分生气，一定会批评，但他有时做错事，你应该给他机会去改正。

要吸引及维持好的员工，要给他们好的待遇及前途及有受重视的感觉。当然，还要有良好的监督和制衡制度，这是一定要有的，不管怎么样，都要有个制度，不能山高皇帝远。否则，一个好人也会变坏。

我老是在说一句话，亲人并不一定就是亲信。一个人，你要跟他相处，日子久了，你觉得他的思路跟你一样是正确的，那就应该信任他；你交给他的每一项重要工作，他都会做，这个人就可以做你的亲信。

(六)

完善的治理守则和清晰的指引，才可以确保“创意空间”。企业越大，单一指令越不可行。不能每一个公司都执行一个指令，因为有些指令是不通用的，最终不能发挥管理层的不同专业和管理经验。

在长和系集团里面，我们有很多子公司、孙公司，我会给他们定出不同的坐标，让管理层在坐标的范围内灵活发挥。

要成为一位成功的领导者，不单要努力，更要听取别人的意见，要有忍耐力，提出自己意见前，更要考虑别人的见解，最重要的是创出新颖的意念……作为一个企业领袖，第一，是要“责己以严，待人以宽”；第二，要令他人肯为自己办事，并有归属感。机构大必须依靠组织，在二三十人的企业，领袖走在最前端便最成功。当规模扩大至几百人，领袖还是要去参与工作，但不一定是走在前面的第一人。再大便要靠组织，否则，便迟早会撞板，这样的例子很多，百多年的银行也一朝崩溃。

我常常问我自己，你是想当团队的老板还是一个团队的领袖？一般而言，做老板简单得多，你的权力主要来自你地位之便，这可来自上天的缘分或凭仗你的努力和专业的知识。做领袖较为复杂，你的力量源自人性的魅力和号召力。要做一个成功的管理者，态度与能力一样重要。领袖领导众人，促动别人自觉甘心卖力；老板只懂支配众人，让别人感到渺小。

想当好的管理者，首要任务是知道自我管理是一重大责任，在流动与变化万千的世界中，发现自己是谁，了解自己要成为什么模样是建立尊严的基础。

商业架构的灵活制度要基于实事求是、能够自我修正挽回的机构。在张力中释放动力，在信任、时间、能力等范畴，建立不呆板、能随机应变的制度。你们也许听我说过企业应当稳健中寻找跳跃的进步，大标题下的小点要包括但不局限于：开源对节流、监督管治对创意和授权、直觉对科学观、知止对无限发展。每一个机构都有不同的挑战，很难有放之四海皆准皆适用的绝对预制组件，我对很多人云亦云的表面专家的分析是“尊敬有加”，心里有数。说得俗一点，有时大家方向都正确，耍的却是花拳绣脚，姿势又不对。管理者对自己负责的事和身处的组织有深层的体验和理解最为重要。要了解细节，经常能在事前防御危机的发生。

和记黄埔在全球四十二个国家和地区都有投资。但直到今天为止，管理并没有给我太大的压力,原因是有一大批优秀人才。有的老外为我做事到今天已超过三十年了，我说你多做十年后再来问我可不可以退休。我留住他们的办法很简单:作为一个领导,要想一想下属最希望的是什么。除了一个相当满意的薪金花红,你还要想想他年纪大时怎么办。公司发展对股东要有交待,同时也要设身处地为同事考虑。到目前为止,我是全香港给同事最高薪水花红的一个老板。为什么对同事这么慷慨?因为他对收入满足后,就知道千万不能贪污。

领袖管理团队要知道什么是正确的“杠杆心态”。杠杆定律的始祖阿基米德曾说:“给我一个支点,我可以撬起整个地球。”支点是效率和节省资源策略智慧的出发点,不知从什么时候开始,把这个概念简单扭曲为叫人迷惑的“四两拨千斤”,教人以小博大。聪明的管理者专注研究精算出的是支点的位置,支点的正确无误才是结果的核心。这门功夫倚仗你的专业知识和综合能力,能否洞察出那些看不见的联系之层次和次序。今天我们看到很多公司只看见千斤和四两的直接可能,而忽视了支点的可能性,因过度扩张而陷入困境。

第五章　成功　财富　理财　节俭

不会学习的人就不会成功；不会总结的人就难以战胜失败。

——李嘉诚

一、成功篇

（一）

成功实际上是相对的。

没有命中注定的大富大贵，成功要靠自己去创造。

不会学习的人就不会成功；不会总结的人就难以战胜失败。

敬业的人一定乐业，乐业的人必然成功。

事业要成功，自己要投入。有兴趣，力量就有了。要按部就班，不要投机取巧，有困难时更要培养自己的兴趣，来为改变环境而努力。

对这个世界的认知，大家要有多层次、多维全方位的视野、慎思明辨、客观论证及逻辑思维，这是现实生活可仰赖的成功方程式。

李嘉诚摄于华人行办公室前

（二）

坚守诺言，建立良好的信誉，一个人良好的信誉是走向成功的不可缺少的前提条件。

不敢说一定没有命运，但假如一件事在天时、地利、人和等方面皆相背时，那肯定不会成功。

具有判断力也是成功的重要条件，凡事要充分了解，详细研究，掌握准确资料，自然能做出适当的判断。

若一个人的成功是达到自己定下的人生目标，而自由则是对自己的行为向社会负责，那我们每一个人都可以成功、可以自由。

我常常讲，一个机械手表，只要其中一个齿轮有一点毛病，你这个表就会停顿。一家公司也是，一个机构只要有一个弱点，就可能失败。

与别人一起工作必须要有广阔胸襟，生意需要许多朋友和携手合作的人才能成功。

掌握资讯并非是绝对的成功之道，要能经过思考和智慧的选择，将资讯在正确时间正确运用的人，才能出人头地。

成功的效果是百分之百或百分之五十之差别根本不是太重要，但是如果一个小漏洞不及早修补，可能带给企业极大损害，所以当一个项目发生亏蚀问题时，即使所涉金额不大，我也会和有关部门商量解决问题，所付出的时间表和以倍数计的精神都是远远超乎比例的。

对成功的看法，一般中国人多会自谦那是幸运，绝少有人说那是由勤奋及有计划地工作得来。我觉得成功有三个阶段：第一阶段完全是靠勤力工作，不断奋斗而得成果；第二个阶段，虽然有少许幸运存在，但也不会很多；现在呢？当然也要靠运气，但如果没有个人条件，运气来了也会跑去的。

（三）

从历史的事实看，积极进取的精神，才是成功的决定性因素。

成功没有百分百绝对的方程式，但是失败都有定律，减低一切失败的因素就是成功的基础。

现今世界经济严峻，成功没有魔法，也没有点金术，但人文精神永远是创意的泉源。

做那一行就要培养出那一行的兴趣，否则，要成功、要出人头地不容易。

眼光独到是事业成功的重要因素。准确而有远见的预测往往决定一个人的成败。

一个人没有付出努力，徒具成功的虚名而浮露的傲气，相对一个真正付出努力而赢取成功的人，其所蕴含的自尊自信而表现的傲骨，两者实有天渊之别。

你一定要先想到失败，从前我们中国人有句做生意的话：“未买先想卖”，你还没有买进来，你就先想怎么卖出去，你应该先想失败会怎么样。

令事业成功的因素很多，例如具有良好的管理经验、完善的组织和制度、出色可靠的管理阶层和长期忠诚服务的员工，还有做出重大决定前对情况的深入全面了解及详细研究等。

（四）

成功的关键在于要稳中求进，以快补慢。

人生的成功，都有许多组成元素，但最关键的是当机会来临时，我们是否累积有足够的知识去做开启这个机会的钥匙。

每个人一生中都要扮演着很多不同的角色；也许最关键的成功方法就是寻找到导航人生的坐标。

很多传媒问我，如何做一个成功的商人？其实，我很害怕被人这样定位。我首先是一个人，其次才是一个商人。

了解细节，经常能在事前防御危机的发生。

关键在于要做足准备工夫,量力而为,平衡风险。

全世界许多企业的失败都是因为面临的机会太多,而资金与精力不够。所以重要的是量力而为。古人说,先学爬,再走路,然后再跑。这是非常有效的。

成功的关键,在于我们能否凭着我们的意志,凭着我们的毅力,运用我们的知识、我们的原创力将之融入我们的生命,融入我们承传的强大文化,使之转化成为我们的智慧,使之转化成为我们的力量,为我们民族缔造更大的福祉、繁荣,非凡的成就和将来。

在事业上谋求成功,没有什么绝对的公式。但如果能依赖某些原则的话,能将成功的希望提高很多。

在房地产上面很慎重,讲究四个字:步步为营,一定不要冒进。

我会不停研究每个项目要面对可能发生的坏情况下出现的问题,所以往往花百分之九十考虑失败。

要永远相信:当所有人都冲进去的时候赶紧出来,所有人都不玩了时再冲进去。

一个人当然是不怕失败,失败后可以东山再起。但当公司有一定规模之后,你就要更小心。和记黄埔现在的现金流和未来八年的负债相差只是百分之十,就是说我有现金跟我未来八年负债风险承担只是相差百分之十。我一定要步步为营,尤其是作为公众公司。

世人都想有一本成功的秘籍，有些人穷一生精力去找寻这本无字天书，但成功的人，一生都在不断编制自己的无字天书。

（五）

市场的逆转由太多的因素引发，成功没有百分之百绝对的方程式，但是失败都有定律，降低一切失败的因素就是成功的基础。以下四点可以增强承担风险的能力：第一，谨守法律和企业守则；第二，严守足够的流动资金；第三，维持溢利；第四，重视人才的凝聚和培训。

成功的三项原则：第一个，你做那个行业，一定要追求那个行业最好的知识、资讯，最好的技术是什么，且必须处于最佳的状态。第二，努力、毅力。不过，很重要的是，如果一个机构，没有掌握跟这个行业有关的知识，如果你判断错误，就算你再努力、再有毅力，你失败的代价太大。第三就是建立好的制度与人才。

绝不同意为了成功而不择手段，即使侥幸略有所得，亦必不能长久，如俗语说“刻薄成家，理无久享”。

要想在商业上取得成功，首先要懂得做人的道理，因为世情才是大学问。世界上每个人都精明，要令人家信服并喜欢和你交往，那才是最重要的。

准确而又有远见的预测对于一个商人的成功至关重要。眼光独到是事业成功的重要因素。

成为一位成功的领导者，不单要努力，更要听取别人的意见，要有忍耐力。

身处逆境时，每个人都应该学会忍受生活中属于自己的一份悲伤。只有这样,你才能体会到什么叫做成功,什么叫做真正的幸福。

我不相信命中注定的大富大贵,却相信只要坚持不懈,勤奋努力,就会定有所成。

我 22 岁成立公司以后，知道光凭任劳任怨的毅力已是低循环的过时观念。成功也许没有既定的方程式,失败的因子却显而易见,建立减低失败的架构是走向成功的快捷方式。

现今世界经济非常严峻,成功没有魔法,也没有点金术,但人文精神永远是创意的源泉。作为杰出的企业领导,必须具有国际视野才能全景思维,具有长远眼光,并能务实创新,掌握最新最准确的资料,迅速作出正确的决策,然后全力以赴地行动。并且,在此过程中建立个人和企业的良好信誉。

二、财富篇

（一）

钱可以用，但不可以浪费。

我不是最有钱，我只是内心感觉自己好有钱。

我一生中绝对没有和别人比较财富，但内心中一生都以自己作比较。

事业上应该多赚钱，有机会便用钱，用到好处，这样赚钱一生才有意义。

当你赚到钱，等有机会时，就要用钱，赚钱才有意义。

财富若能好好利用，真是一种极好的工具；但若用错了或只埋没在

地下，只会与草木同枯而已，是十分可惜的。

只顾独善其身，对社会对国家不闻不问，那么财富多少都没意思。

（二）

现时社会上很多人毕生营营役役追求财富，忽略了生命的真正意义，更忽略对金钱的价值观。

若果我们选择只为追求金钱及权力，而牺牲人类高尚情操的话，则一切进步及财富的创造都变得没有意义。

如果一个人没国家民族观念，即使富有，也实在令人惋惜，自己认为爱国应与生俱来。

朋友是人生的财富，没有敌人，多交朋友，才是赢得人缘之道。商场上很忌讳结成仇敌，长期对抗。

位于香港中区的华人行长江实业（集团）有限公司的总部

是我的钱,一块钱掉在地上我都会去捡。不是我的,一千万块钱送到我家门口我都不会要。

有的钱,比如你掉在地上一毛钱,你不去捡就浪费了;但是有的钱,即使是以亿计算也不能赚。

我赚的每一毛钱都可以公开,就是说,不是不明不白赚来的钱。

充满商业细胞的商人,钱可以是无处不在、无时不在的。

若你为了赚钱做一些对不住良心的事而损坏你的名誉,这个人就很傻。

我对自己有个约束,并非所有赚钱的生意都做。有些生意,给多少钱让我赚,我都不赚。有些生意,已经知道是对人有害,就算社会容许做,我都不做,因为这是我一向做人的原则。

很多人认为开赌场是一种娱乐事业,每年能挣很多钱。巴哈马政府鼓励发展旅游,我们在那里盖了三个酒店。其总理跟我说,可以马上给我赌场的执照。但是,我要求他们将一个原则立即写在会议记录里……我们自己绝对不能经营赌场。旁边的人说,这是总理给我们的。我说告诉总理,这个牌照我交回给他。我们盖的是酒店,租用的人要开赌场不关我的事,我只按市场价值拿我固定的租金。

(三)

世界上有许多理想是需要用金钱来实现。如果没有钱,有很多事情你都不能做，因此我很幸运。

在商战中克敌制胜的法宝，不是平时的大吹大擂，而是需要一些实实在在的东西，也就是知本资产是商家最大的财富。

下一个世纪的企业家将和我完全不同，因新世纪企业家的成功取决于科技和知识，而不是钱。

世界上并非每一件事情，都是金钱可以解决的，但是确实有很多事情需要金钱才能解决。

如果懂得利用金钱多做有意义的事，则金钱可以发挥很大的作用，才会感受到金钱的价值；否则若只花费于锦衣美食，在物欲享受方面贪得无厌，最终只会沦为金钱奴隶。

如今我赚钱不是为了我自己，我已不再需要更多的钱。

其实我在60年代赚的钱，已足够应付我一生高水准的生活，我已好满足了；跟着而来30年赚的钱，是我想用来对社会有些贡献。因为许多事一定要有钱才做得成，没钱做不成，所以我仍在继续努力工作。假如我没有钱，我便很难实现我的愿望。比如有一件事，自己认为非常有意义，但要使（用）数以亿计的金钱，没有钱没办法达成。我用心赚钱的另一原因是有事业心，同时要对股东负责、对买我们公司股票的投资者负责，最少每年对他们要有一个交待。

三、理财篇

（一）

你管理的钱越多，就越需要精心管理。

要想真正成为富人，你就要学会管理自己的钱，使这些钱为你带来更多的钱，让钱为你工作。

钱可以用，但不可以浪费。

钱的作用不在于聚敛，而在于使用。

如何保持充分的资金并灵活运用，是经营者不能不注意的事。

1978年4月27日，李嘉诚和夫人庄月明同汇丰银行董事局主席沈弼(右二)、汇丰银行总经理牟诗礼(左一)在华人行奠基石前合影

(二)

当自己有更多财富时，骤然间想做一些对人生有意义的事，有钱随时可以做得到，但等到你想用钱时才去想法子赚钱，是很困难的。

资金与企业如同血液与人体，血液循环欠佳导致人体机能失调，资金运用不灵造成企业经营不善。如何保持充分的资金并灵活运用，是经营者不能不注意的事。

做生意要合理地使用资金，千方百计地加快资金周转速度，减少利息的支出，使商品单位利润和总额利润都得到增加。

现金流、公司负债的百分比是我一贯最注重的环节，是任何公司的重要健康指标。任何发展中的业务，一定要让业绩达致正数的现金流。

现金一定要比负债大。要做到这样,第一原则就是不要负债。

我不会因为今日楼市好景,立刻购下很多地皮,从一购一卖之间牟取利润,我会看全局。

有会计成本课,企业追求利润,必须做好损益评估。

有时可能有人会把一世的积蓄投资在你的公司, 所以要有责任,必须小心。

假如我持有一间公司一些股票,但感到我无法在友善的环境下增加股权,在双方谅解的情况下,我便会卖出我的股权图利。

(三)

把金钱拿来投资是唯一可以增值的方法。

把钱存在银行,短期是最安全的,但是长期却是不很奏效的致富方式。

投资能力的关键就是找准市场投资最佳切入点,像一只猎鹰耐心地等待着猎物的出现,当猎物真的出现的时候,他会迅雷不及掩耳地出击将其捕获。只有具备这种能力你才能成为真正的投资高手。

集资、投资都是大学问,在企业经营中是至关重要的环节。

我是分散投资的,所以无论如何都有回报,我比较小心。

分散投资,就是分散风险。

根据投资法则,不要把所有的鸡蛋放在一只篮子里。

一棵树根部的分枝可能散布在五十英尺一百英尺以外的地方,但主根仍在。

商业投资应客观冷静,禁忌为情所动而破坏心态的平衡。

避免商业投资的失误是每一个商人必修的一课。

商业投资的风险有多种,规避风险的正确方法就是要对时机进行准确的分析,因为时机一旦看错,就会导致全盘皆输,更忌人云亦云,被错误的信息所误导而导致投资失败。

四、节俭篇

(一)

我觉得,简朴的生活更有趣。

我喜欢有自己比较宁静的内心世界,因为我对物质生活没什么要求,我个人的生活很简单,我吃的东西简单到你都不相信。

就我个人来说,衣食住行都非常简朴,跟三四十年前根本就是一样,没有什么分别。

我这个人对生活要求并不高,简单的生活是我的愿望。如果有一天我老了,不用工作了,我还是希望过简单的安定生活。

当我没有应酬的时候,我的菜式跟一个普通"打工仔"的家常便饭一样,我不觉得吃大鱼大肉是一种享受。

李嘉诚于 1980 年 12 月勘察汕头大学校址，左起为庄世平、李嘉诚、吴南生及当时出席者

（二）

衣服和鞋子是什么牌子，我都不怎么讲究，一套西装穿十年八年是很平常的事。我的皮鞋十双有八双是旧的。皮鞋坏了，扔掉太可惜，补好了照样可以穿。我手上戴的手表，也是普通的，已经用了好几年。

我今天的生活水平和几十年前相比只会差了，年轻时也有想过买点好的东西，但不久就想通了，是强调方便，我穿的都可能比你们便宜。

要在商场上获得成功，首先要学会处理自己的金钱，明白金钱得来不易，要好好地爱惜它、保管它，切忌花天酒地，花个精光，否则它不会和你久处。因为金钱本身也好像有灵性似的，你不理会、不爱惜它时，它会无情地和你分手。

我不打算摆满月酒，省下的钱拿去做公益。将来第二个儿子结婚，如果女家方面肯听我劝，我照样不铺张。我认为一些事在内心庆祝就可以啦，我一生都未摆过生日酒。

（三）

一个人应以忠诚努力为主，应节俭的时候要节俭，应该用的时候要用。

你不能使太多钱在自己身上，但你要在你的朋友身上使钱。对自己悭俭，不能对其他人吝啬。

一个人最要紧的是，要有中国人的勤劳、节俭的美德。最要紧的是节省你自己，对人却要慷慨，这是我的想法。

若我不拾这枚硬币，让它滚到坑渠里，这枚硬币便会在世上消失；而一百元给了值班，值班便可将之用去。

第六章 知识 人才 教育 汕大

知识可以改变命运。

——李嘉诚

一、知识篇

(一)

知识可以改变命运。

知识不单改变个人,同时亦改变国家的命运。

知识——人的核心价值。

现今世界已进入知识经济的时代。

知识已渗入了我们生活的每一层次。

知识已不再是一门技能或一纸文凭。

知识最大的作用是可以磨砺眼光,增加判断力。

1992年,李嘉诚捐资1000万美元,帮助北京大学兴建了一座现代化图书馆。图为李嘉诚在校长吴树青教授(右)陪同下,参观北大图书馆善本阅览室

知识不仅是指课本的内容,还包括社会经验、文明文化、时代精神等整体要素。

命运不是定数,我们要力争知识,我是深信知识可以改变命运的人。

如果没有知识,你有再多的金钱,你要发展事业仍是发展不好。

假如一个人有很多资金,但没有 knowledge(知识),却去乱搞新科技的话,他失败的居多。

一个人没有金钱还可以乞讨过活,但一个人大脑里没有文化知识,那和植物人、动物又有何区别呢?

知识既然是我们生活的核心，它必然也是我们经济活动的核心。过去如是，将来也理当如是！

知识是发明及开展未来的基础，推动蓬勃的经济商机，它让人有更好的机会及选择，让人更能认知权利与责任。在知识经济下，新科技的发展创造了很多前人不可能梦想的机会。

文化是今天经济的资源和保证。在企业生产的物质财富中，知识的比重与日俱增。

在现今的世界，知识、土地和资金等同，是宝贵的民族资源。

财富源自知识，知识才是个人最宝贵的资产。

（二）

投资在知识上是有所回报的。

学问上既有登泰山而观沧海的高广，也有格万物而辨精微的深细。

要善于向别人“抢知识”，“抢知识”就是在抢财富、抢未来。

今天的香港要抢知识，要以知识取胜。

能够将书本知识和实际工作结合起来，那才是最好的。

现在我也爱阅读，一方面是兴趣，其次这样才不会与社会脱节。

李嘉诚在办公室

少年时期学到的知识弥足珍贵，它令我终身受益。

我从不间断阅读新科技、新知识的书籍，不至因为不了解新讯息而和时代潮流脱节。

我喜欢看书，现代的、古代的都看，时时看到深夜两三点钟，看完就去睡觉。不敢看钟，因为如果只剩下两三个钟头，心就会很怯。

读书不仅是乐趣，而且令人启迪心智，刺激思考。

（三）

知识最大的作用是可以磨砺眼光，增强判断力。

人类智慧的伟大成就是如何将科学与人文接合起来，这是我们知识的终极关怀。

有了知识，就能对世界有更清晰的认识、更深刻的了解、更强的判断力及更能领会尊严和价值。

一切财产随时有被夺走的危险，只有知识和技能是唯一可随身携带、终身享用不尽的资产。

好学是社会发展原动力之始，知识是指引前路之光。一个重视知识的社会，自然能孕育出精英人才。

社会已容不下滥竽充数的人，这对每一个人来说都是沉重的压力。我们已到了一个范式转移的关键时刻，知识就是我们最核心的价值。

善于学习的人能领会和掌握未来，好学的人懂得把观察、经验和知识转化为智慧并使用得当，不仅能把梦想持之以恒，更懂得如何事半功倍。

心力是理性和理智心灵的发展，通过终生思索和追求学问的人一定不会掉进时间的迷宫，在营营役役中黯然失去生命的光彩。

在一些知识密集的行业中，财富大多来自生产者的大脑。

21世纪的企业家将和我完全不同,因新世纪企业家的成功取决于科技和知识,而不是钱。

要一边做事,一边学知识、科技。我们中国有些学者,不少人被外国大学聘请做教授,而本身都不一定是大学毕业的。

知识不就是一直推动人类历史进步的动力吗?

二、人才篇

（一）

我深感人才的重要性，只有选拔人才、培育人才和重用人才，才能使国家走向繁荣富强。

善于甄才、养才和用才，始可以臻国家于长治久安而稳步前进。

国家兴盛，人才为本。

制度比血缘更可信，人才比亲人更可贵。

人为万物之灵，人是一切发展的核心能源。

人才是相当重要的，甚至比金钱还要看得重。

李嘉诚、吴南生、许德立、周日方、林维明与汕头大学前几届毕业生代表座谈并合影

有人才就有发展,有发展就可以改善生活。

即使国家资源丰富,而人才缺乏,要建国图强,亦徒成虚愿。反之,资源匮乏的国家,若人才鼎盛,善于开源节流,则自可克服各种困难,而使国势蒸蒸日上。从历史上看,资源贫乏之国不一定衰弱,可为明证。

在激烈竞争的环境中,个人能力比任何其他资产更为重要。

真正的人才都有自己的一片天地。当然这片天地是靠自己闯出来的。

在知识经济时代,企业竞争的核心是人才竞争,人力资本将成为知识经济时代最重要的资源。

有好的人才，我们才会寻找出发挥资源的最好方法；有好的人才，我们才会寻找到解决资源贫乏的最佳途径。

（二）

成功的管理者都应是伯乐，不断甄选、延揽比他更聪明的人才。

人才取之不尽，用之不竭，你对别人好，人家对你好是很自然的，世界上任何人也都可以成为人的核心人物。

有两个类型与规模相当的企业，引进了同样的先进技术和生产线。投产后，一个成为创利大户；一个连年亏损。兴与衰的谜底，就在于人的智力高低。不是“物”的过失，而是人的素质。

对于任何一个职位而言，都是不需要花瓶的。甄别人力资源的价值最大化时，客观评判标准就是最终的结果。

挑选团队，有忠诚心是基本的，但更重要的是，谨记仅有忠诚但能力低的人和道德水平低下的人同样迟早会累垮团队、拖垮企业，是最不可靠的人。

要建立同心协力的团队。第一条法则就是能聆听得到沉默的声音，问自己的团队和你相处有无乐趣可言，你是否开明公允、宽宏大量，你能否承认每一个人的尊严和创造能力，你是否有原则和坐标而不是费时失事矫枉过正。

今天的教育，已不局限于技术的应用，有着更深、更广的意义，是要能帮助发展学生的智慧及传播知识。今天的社会竞争激烈，对人才需求非常殷切，国内外的大学均倾力为社会发展培养拥有多层次、多角度创新意念的人才。跨学科的教育模式，已成为培养综合质素人才重要的一环。

（三）

一个人最大的本事，就是用人的本事。

我们奉行的宗旨是唯才是用。

最重要的也是最根本的是知人善任。

要唯才是用，用人唯贤，用人要先得人心。

知人善任，大多数人都会有部分的长处，部分的短处，各尽所能，各得所需，以量才而用为原则。

“用人之长，容人之短，不求完人，但求能人”，是最好的用人观。

用人是管理机制的核心，而要做到“人尽其才、才尽其用”，激励则是关键。

唯亲是用，必损事业。

企业家用人，首先要有“海纳百川”的容才之量。

承认其他人的长处，得到其他人的帮助，这便是古人说的“有容乃大”的道理。

企业要不断注入新人才的血液,才能保持旺盛活力。

假如今日,如果没有那么多人替我办事,我就算有三头六臂,也没有办法应付那么多的事情，所以成就事业最关键的是要有人能够帮助你,乐意跟你工作,这就是我的哲学。

知人善任是必须的,对公司有建树、有归属感、忠诚努力的员工,应赏罚分明,使其有良好前途,并成为公司的核心分子,不分种族籍贯。

我做生意一直抱定一个信念,不靠投机取巧,而靠自己的一帮有才能的人。

人才难求,对具备创意、胆识和审慎态度的同事应该给予良好的报酬和显示明确的前途。

在我心目中,不管你是什么样的肤色,不管你是什么样的国籍,只要你对公司有贡献,忠诚、肯做事、有归属感,即有长期的打算,我就会帮他慢慢地经过一个时期而成为核心分子,这是我公司一向的政策。

成功的管理者都应是伯乐,伯乐的责任不仅在于甄选、延揽“比他更聪明的人才”,绝对不能挑选名气大却妄自标榜的企业明星。在高度竞争的社会中,高效的企业亦无法负担那些滥竽充数、唯唯诺诺、灰心丧志的员工,同样也难以负担仅以自我表演为一切出发点的“企业大将”。

在我公司服务的行政人员,无论是什么国籍,只要在工作上有表现,对公司忠诚,有归属感,经过一段时间的努力和考验,就能成为公司的核心成员。

李嘉诚参观图书馆

像一部机器，假如主要的机件，需要用500匹马力去发动，而其中一个附件只需要半匹马力去发动，虽然半匹马力与500匹相比是小得多，但也能发挥其一部分作用。

你们不要老提我，我算什么超人？我现在的成功是大家同心协力的结果。我身边有三百员虎将，其中一百人是外国人，两百人是年富力强的香港人。

三、教育篇

（一）

教育是百年大计。教育事业应长期发展。

十年树木，百年树人，教育事业是长远的事业，成效不是一朝一夕可以见到的。

办教育为实现四化之本。

四化建设，教育为本。

教育是一切传统和进步、尊严和智慧的基石。

教育的本质是令我们积极向前。

1992年 4 月 29 日，李嘉诚在校长张孝文教授(右二)陪同下参观北京清华大学

教育是提高国民素质的基础，亦是推动社会发展的基本动力。

汉唐能奖掖文教，而成一代盛世。

教育事业为中国人培育元气，是国运之所寄。

教育乃个人、社会、国家兴亡所系。

国民教育的成功，实为国家富强的决定性因素。

一个国家,一个民族,关键是教育、医疗,这是国家的根。

振兴教育乃强国富民之根本,舍此不足以兴邦。

如果要使一个国家富强,教育是最要紧的途径。

一个国家要富强,发展教育是第一要素,也可以说是根本的条件。

科技及管理人才的培养,教育是不二之途。

国家各方面发展的快慢,是和教育事业的成败进退有着直接的关联,教育的成败,是国家强弱的根本原因。

选才、养才之功有赖教育。教育事业跟不上,国家就会造成人才缺乏。

只有大力发展教育事业,方能把我们的国家推向世界先进国家的前列。

教育的重要,实关系到国家的强弱,社会的兴衰以及时代的进退。甚至一个机构,一个家庭,其成员教育程度的高低都对其发展前途,有着深远的影响。

一个国家民族如想兴旺,民族的素质是关键的问题,如果要民族素质好,必须从教育着手。

我数十年奔走海外,目睹欧美各国重视智力投资,大力发展教育事业。欲求中国富强,步入世界先进行列,必须发展文教事业,迅速培养建设人才。

我认为中国有很多问题,如不从教育入手,便无法解决。

唯有教育成功,才可以为国家的各项建设提供充足的人力资源。

古人说:"致天下之治者在人才,成天下之才者在教化,教化之所本在学校。"所以,发展教育,是国家的根本大计。

(二)

教育最重要的目标,是培养社会需要的人才。

教育目标是传播知识,启迪思维,追求智慧,完善人格。

教育不应该只是一纸文凭或仅是一个学位,教育是掌握人生的导航器,是一个发现世界和发现自我的旅程。

我们国家要加速四化建设,就要有人才,人才不是天生的,要靠学校培养。

中学教育是培养个人兴趣及发展潜能的重要阶段,因此越来越受到重视。

大学是人类智慧荟萃、知识创造和积累的摇篮,通过教学研究,启发广阔的思维,推动社会文明进步。

高等教育的目的,须注重教导而不只重灌输。这就是根据学生的潜质和志趣,以为其开放探讨尖端学术的大门,使他们懂得怎样身入其中,以寻觅选用无限的知识宝藏。

教师一向被视为人类灵魂的工程师,万千英才,都如在璞之玉,必须经他们的苦心雕琢,才可蔚成大器。

今天教育家最大的挑战,是怎样令我们的年轻人怀着满腔热忱去争取知识,并乐于参加这个奋斗的过程。

(三)

培养学生自律自治能力,发扬崇高德育学习情绪。

教育的精神,不能局限于传授技术。

学生就像种子,而学校像土壤,教学的方法和环境,就如同阳光雨露,教学人员,便是栽培灌溉的园丁。

要使科技水平提高,则首先要有良好的专业教育,为国家培养大批的有用人才,担负国家重任。

我们要普及教育,发展高等教育,更要悉心培育国家的精英分子,这样,肯定会加速我们的发展的步伐。

深盼新的一代,必须有良好德性,配以学识,然后方能对国家对社会作出贡献。

如果通过教育的途径，能使年青一代培养爱国的情操、健全的心智、充实的学识和正确的人生观念，从而提高民族的质素，使国家的元气充沛、潜力深厚，则必然可使国家日渐富强。而教育的失败，也意味着国家前途的暗淡。

(四)

本人一生最佩服和尊敬的是为教育付出毕生精力的教育工作者。

全球均十分重视教育的质量，我们的青年人需要开阔国际视野和加强高层次的思维技巧，也需要接受跨学科教育的培训，以应付不断转变的社会需求。

创业是绝不容易的事，在发展事业的过程中，我深深感受到知识是助我立足社会的最重要工具，因此，虽然没有接受正规高深教育的机会，但很早已立志只要能力所能及，一定支持教育和医疗的发展。

发展教育事业，对促进祖国科学技术水平的提高，非常重要。我愿意为此竭尽绵力。

我对教育和医疗的支持，将超越生命的极限。

四、汕大篇

（一）

创建汕头大学乃其时也。

我国政府顺应民心，顺乎潮流，实行开放政策，使旅居各国华侨、港澳同胞更感报国有门。故本人应时捐资兴建汕头大学，以表赤子拳拳之心！

现在，有许多华侨和旅外人士都愿意为汕大的建设贡献力量，我只不过是带个头。

创建汕头大学是一个国民应尽的天职。支持国家，报效桑梓，乃是我抱定的宗旨！

我把办汕头大学看作是国民天职，是为国家和桑梓做点事的千载难逢的好机会。

为国家为社会为后代,千方百计以破釜沉舟之精神,使建校计划如期完成并臻于完善,早日发挥其长远而有价值之作用。瞻望前景,本人谨以欣切心情,追随诸位,以期乐观厥成。

我们办事业,决心很重要!我们现在的情况是条件够、决心够、运气也好。我们要实实在在地干,汕大的前途是无限的!我有机会为国家为乡亲父老做一点事,是很应该的。

本人唯一宗旨,乃尽心竭力,办好汕大,冀能为国家在培育人才方面发挥最大效能。

(二)

我认为汕大的创办,是合乎民意,深得人心的。千方百计以破釜沉舟精神,务必使之建成办好,这就是我最大的心愿。

汕头大学的创办,就是为国家四化培养人才,为潮汕地区培养出一流人才。为潮汕人民服务,为改变潮汕的落后面貌出力!

办汕头大学是我人生最重要的事。发展教育事业对促进祖国科学技术水平的提高是非常重要的,我愿为此而努力。

以爱国之心办好教育,从而对国家作出贡献,对我个人来说,就是汕大创办的目的和意义。对包括我在内的每一个中国人来说,是国家民族兴衰的关键所在。但愿教育的花果开满中华大地,使锦绣河山焕发新姿,使中华民族的前途远大辉煌!

李嘉诚、黄丽松(左一,原香港大学校长)、吴南生(右二)、林川等在汕头大学散步

对我而言,建设汕大不仅是为家乡之情,而是认为此地方确切需要一间高等学府来栽培优秀人才，以配合整个广东地区及国家的互动发展。汕大的成功,将对整个潮汕地区产生无可估计的长远利益及巨大影响,亦对国家发展贡献出一份力量。

(三)

竭尽绵力,坚抱信念,永恒如一,毫无私心。办好汕大。

要办好汕头大学,一定要脚踏实地,放眼世界,而不可闭门造车,自以为是,固步自封。

我对凡有事业心的人都表示尊敬，希望所有参加汕头大学创业的人,都把自己的聪明才智贡献给汕头大学。

一所大学俨如一个小社会,该小社会内风气之好坏可作为行政管理之考验。

要办好汕大必须广泛吸引人才。只有建筑,没有设备是不行的。只有建筑和设备,没有人才,是极大浪费。

汕大的工作要适应当今这个太空时代。

学校工作要唯贤是用。要加强管理,要提高效率。

要唯才是用,用人唯贤,用人要先得人心。要加强管理,提高效率。

要聘请有真才实学的教师,培养高质量学生。对学生要严格要求,树立发奋学习、求实严谨学风,尊重社会公德。

教授要有真才实学,行政人员也要精明能干。学校结构要少而精,工作要讲求效率。

各学系之教授,应与国外著名大学相互交流有关学术、科技、管理及行政上之经验,借以吸收外来之新科学知识,并发扬我国文化……

要用好仪器,不要浪费!

招生要重质。

现在的医学院已有相当的规模，是在培养高质量的医生了。我们有了好仪器，还要有好老师，才能充分利用好仪器，让好仪器发挥作用。

要与上海二医大搞好协作。要认真进行改革，培养好师资，努力提高教学、科研、医疗质量，要在较短时间内达到高规格水平，为国家培养出一批批好医护人员，使他们都能安居乐业，让他们爱我们的医院，爱我们的事业，为造福潮汕人民作贡献！

（四）

本人乐见汕大步上康庄大道。在能力范围内，决心继续予以支持。追随列位，务使汕大在质量方面，能达至国际水平，成为著名之学府。

大家要尽心尽力办好汕大。汕大还是一棵幼苗，不好好培养，是会夭折的。

事在人为，今天的汕大已经到了某一个成功的阶段，我对汕大是充满信心的，把汕大办成一个有成绩的重点大学是有希望的。

汕大现在的天时、地利、人和均好。中国知识分子无私奉献的精神令人钦佩。我们要齐心协力，共为汕大创异彩！

汕大创办成功与否，较之生意上以及其他一切得失，更为重要。

我们都是一家人！汕头大学就是我的家。尽管我在香港的事务是很忙，但我任何事都可以放下，唯独汕大的事我不能放下。以后每一年，我都要回到家里来走走。

李嘉诚与汕头大学学生在一起

凡是汕大要办的事,我随叫随到!今天叫,明天到。

我们都是同一条船上的人,我们都要同舟共济!希望汕头大学的船,跑得快些、远些,顺风千里,满载而归!

汕头大学的事业,始终放在我自己一切事业的首位!

我对汕大比对其他的事还要操心。汕大要办好,离不开地方的支持!近几年来,为了汕大的事,我的头发白了好几根了。拜托啦!

汕大在本人心目中的地位,甚于本人其他事业。今后校方如因科研发展,需增建设投资或增添设备,本人也愿意考虑。

汕大的事业是我的终身事业，我对它充满信心。希望大家同心协力，把汕大的事业搞得更好。希望汕大全体同仁共同努力，配合汕头经济特区之发展及国家需要，多育英才，取得更大成就。

我在事业上，一切都可以失败，但汕头大学一定要办下去！

就是卖掉办公大楼，我也一定要把汕大办下去！

为了办好汕大，我什么都肯做。做的工作不仅是百分之百，而是百分之一百零一。

无论如何，本人继续以无私之心，全力支持汕大。此心此意，永恒如一。

只要汕大很好发展，逐步办成有水平的大学，我对汕大的支持是没有止境的。

办教育跟做生意不同，我是永不灰心的，做生意认为不高兴和没前途便可以结束，但对汕头大学，我不会！无论如何，汕头大学一定要认真办好，我一生的心血就放在汕头大学这上面了。

先父是教书的。我深知教师的辛劳！我所做的一切，决不会使你们失望！

（五）

关于汕头大学的发展，是我所最为关心的问题。

希望汕大能得到国家领导人的更多更大的支持。把汕头大学办得更加开放些。

汕大要办成一流大学。

汕大在未来的岁月中,不单以培养优质人才为己任,更应尽一切的努力,分秒必争,配合时代的巨轮,加速步伐向前迈进。尽量以最短的时间,发挥出最大的成效,使于短期内达成重点大学的目标。

努力把汕大办成一所在全国乃至国际上有特色的有地位的有影响的一流大学。

我只希望汕大能办好,能尽快地办好!尤其在科技发展和培养人才上能成为一所名校,为四化多做贡献,进入世界著名大学行列,我愿已足!

第七章　创新　科技

创新是未来的决胜因素，创新能力是知识及资讯组合的百变动力。

——李嘉诚

一、创新篇

（一）

创新是未来的决胜因素，创新能力是知识及资讯组合的百变动力。

创新动力可带来爆发性的效益。

对于任何大机构来说，创新力是十分重要的。

（二）

企业能否创新、能否“标新立异”，决定着企业是否具有核心竞争力，是否能取得竞争优势，也就决定了企业是竞争中的失败者还是胜利者。

信息革命产生了巨大的影响，特别是对商业有巨大的影响。现在点击一下鼠标就可以获得信息。传统公司的结构正在大大地变化，公司的速度必须快，必须有创意。

百多年来科学家与企业家为了人类福祉，追求各种创新发明和工业发展，我们赖以舒适生活的内燃机、能源、解除痛苦疾病的药物到通讯网络，都是以知识为核心的发明与创新。

(三)

不断求创新，发展中不忘稳健，稳健中不忘发展。

始终保持创新意识，用自己的眼光注视世界，而不随波逐流。

商业并不是严肃的、枯燥的、毫无乐趣的事，商业是一场游戏，是每天我们都想打赢的一场游戏。有人要在游戏中打败你，有人要把你的饭碗抢走——这就是我们为什么每天都要创新的原因。

变革是永恒的，作为企业领导人，我们的工作不是要准确地为你的员工预测，你的责任是带领你的团队让每一次变革成为机遇。

一个人只有不断填充新知识，才能适应日新月异的现代社会，不然你就会被那些拥有新知识的人所超越。

身处在瞬息万变的社会中，应该求创新，加强能力，居安思危，无论你发展得多好，时刻都要作好准备。

企业要发展，就需要在用人的机制上创新，改变传统的人才观、使用观，把人才放到全球化竞争的大环境上来认识，建立起人才创新的管理机制，构建起“疑人也用，用人也疑”的理念，发挥人才作用的良好氛围。

有了良好的产品的形象，但要让消费者很快从众多同类产品中辨认出来并长久牢记，还必须有个好的名字——品牌。

做生意要注意捕捉尽可能多的信息和机会，有时不妨利用一下广告的作用。

为了现实的需要，在宏观层面，政府缔造的架构要重视培植创新的活力，不仅是投资精尖科技的发展或其商业应用这些硬环节，而是在政策上、建立一个包括政府、工商业、教育、环境、健康、精神成长、艺术和科学，有利大众创新的互动流畅开放的软环境。

我们不仅要紧跟转变，还要有国际视野，掌握和判断最快最准最新的资讯，靠创新比对手走前几步。不愿意改变的人只能等待运气，懂得掌握时机的人更能创造机会。幸运只会降临到那些有世界观、胆大心细、敢于接受挑战，但是又能够谨慎行事的人身上。

二、科技篇

（一）

科技和教育是国家前途的命脉。

高科技的发展加速了我们生活的节奏。

国家领导提倡“科教兴国”是我们现在最重要的工程，关系我们民族的未来。

科技世界深如海，正如曾国藩所说的，必须有智、有识，当你懂得一门技艺，并引以为荣，便愈知道深如海，而我根本未达到深如海的境界，我只知道别人走快我们几十年，我们现在才起步追，有很多东西要学习。

1990年4月7日，李嘉诚与次子李泽楷（右一）在西昌“亚洲一号卫星”发射场

（二）

有人喜欢凭直觉行事，但直觉并不是科学的方向仪。

“科教兴国”不是一个离开我们生活处境，遥远不可捉摸的概念，而是实际生活的一个指针，与我们的未来息息相关。

计算机运算速度的快速增长，牵动未来发展的步伐。

讯息与通讯科技好像将物理的“时间”扩展，但感觉上的“时间”，还有待我们自己去选择，这是人一生旅程中要发现和自我追寻不断面对的挑战。

世界在蜕变中，既向我们展示前景，又显现出挑战性。面对我们的三种别于往日、急剧转变的时代，就是：科技的时代、开放的时代和亚洲人的时代。

讯息与通讯科技发展是未来的主轴，当中它包含无限可能，要抓住它、掌握它、珍惜它、建设它。

(三)

要使民族素质提高，人民生活改善，从而走上富裕的道路，必须大力发展科技。

要为国家创造独特而持久的成就和优势，唯有倚靠先进的科技和优质的管理。

尖端科技的发展不但影响人民的生活质素，亦影响整个国家民族的命运。

在当今国际激烈竞争的形势中，唯有致力高新科技的开拓，才能使我们有无限的发展空间。

科技领域的开拓是国家整体经济持续发展的主要环节。

当今科学技术发展一日千里，医疗服务必须与高新科技相结合，与时并进。

在这竞争日益剧烈的世界里，单靠投入资金和增加劳动力是难以达到持续发展的，现在必须开拓科技知识领域，以提高生产效率。

第八章　奉献　慈善　爱国

“栽种思想，成就行为；栽种行为，成就习惯；栽种习惯，成就性格；栽种性格，成就命运。”这句话我觉得适用于个人和国家。

——李嘉诚

一、奉献篇

（一）

“栽种思想，成就行为；栽种行为，成就习惯；栽种习惯，成就性格；栽种性格，成就命运。”这句话我觉得适用于个人和国家。

我的钱来自社会，也应该用于社会。

有能力的人可以为社会服务，有奉献心的人才可以带动社会进步。

教育和医疗是我的终生事业。

（二）

我绝对不孤寒，尤其对公司、社会贡献方面和“作为中国人应做的事”上，绝不会吝啬金钱。

李嘉诚就向中国残疾人福利基金会捐赠巨款事宜接受中央电视台记者采访

发展的失衡不能完全依赖政府去解决，这是社会的集体责任，我们每一位都要勇于承担。

我们要用知识和智慧，赋予科技与时间新的意义，为自己、国家与全人类社会建造共同的尊严和福祉。

虽然没有人要求我们，我们自己要愿意发挥我们的智慧和勇气，为自己、企业和社会创造财富和机会，大家可以各适其适。

办公益事业是我分内之责。本人决心在有生之年，竭诚为祖国的文教卫生事业的发展贡献力量。

希望大家抱着慷慨宽容的胸怀，打造奉献的文化，实现我们人生最有意义的目标，为我们心爱的民族和人类创造繁荣和幸福。

人是文化装备的，你身上装备了多少文化，就决定了你对社会有多少贡献。

本人深觉款项捐出，即属公有，不欲以一己之关系妨碍公平分配。

我当努力办实业，只有盈余多了，才能拿出多一些的钱，用于社会。

本人平生宗旨，对大众有利之事，能力所及，不遗余力地去做，绝不为名，绝不欲宣扬，事情完善办妥后，内心已感快慰。

“富贵”这两个字必须分开而看，“富”者不一定“贵”，真正值得珍贵的，还在于你为社会做了什么，在于所做之事能否令世人得益。

我最近常常对人说，我有了第三个儿子，朋友们听说后都一脸不好意思地恭喜我。我是很高兴，我不仅爱他，我的儿子也将爱他，我的孙子也将爱他。我的基金会就是我的第三个儿子。

（三）

付出时间、精神和金钱去支持教育及医疗的发展，我认为是我终生不渝的事业。

专业知识、语言能力、创意和慎思明辨的思维相互构成了一个平台，让我们可以怀着热诚和稳定心态争取成就，服务社会、民族和国家。

今天商业社会的进步不仅要靠个人勇气、勤奋和坚持，更重要的是建立社群所需要的诚实、慷慨，从而创造出一个更公平、更公正的社会。

本人也望能为年青一代的人才培育作出贡献，亟欲以个人的微力，促其早日得见成效。

我开始创业的时候,原来打算做三年后再从头念书,但现实环境有所改变,我当然有点伤心。但我后来想通了,就是我一个人做医生,也不过是一个人,假如我的事业成功,我可能每一年也培养了一两百个医生,结果会更加好。这目标我达到了!

(四)

今日能够默默耕耘,务实勤恳工作,明天便有丰硕的成果,使世人受惠沾益。

在个人追求生产力与繁荣的同时,我们也能够为解决人类社会的各种挑战作出贡献,打造未来。

一生中做很多事,确是付出钱、时间和心血,贡献别人这令我引以为荣和自傲。

只要我捐出的有限的钱,能为社会带来较大的益处,我就终身无悔。

我个人对生活一无所求,吃住都十分简单,我并没有多要财产的奢求。如果此生能多做点对人类、民族、国家长治久安有益的事,我是乐此不疲的。

如果我的财富能换取世界的和平,让孩子得到母爱,让亲人得到团聚,让勤奋的青年得到教育,让贫病的人们得到温暖和及时的治疗,我有什么舍不得呢?!

“方寸之间,自有天地”,我认为一生中做很多事,确是付出金钱、时间和心血去贡献别人,这令我一生引以为荣和自傲。

爱是捐赠更是投资,只要能对香港的经济有建设性的,你就不能一分钱一分钱地去计算。

对我来说,“终身”一词给人的感觉是巨大沉重的,令人不得不反思自己走过的道路。有能力选择和做出贡献是种福分,而这正是企业家最珍贵的力量。

过去六十多年的工作,沧海桑田,但我始终坚持最重要的核心价值:公平、正直、真诚、同情心,凭仗努力和蒙上天的眷顾,循正途争取到一定的成就。我相信,我已创立的一定能继续发扬;我希望,财富的能力可以有系统地发挥。我们要同心协力,积极,真诚,下定决心,在这个世上播撒最好的种子,并肩建立一个较平等及富有同情心的社会,亦为经济、教育及医疗作出贡献;希望大家抱定慷慨宽容的胸怀,打造奉献的文化,实现我们人生最有意义的目标,为我们心爱的民族和人类创造繁荣和幸福。

范蠡和本杰明·富兰克林,两个不同的人,不同时代,不同文化背景,放在一起说好像互不相干,然而,他们的故事是值得大家深思的。范蠡改变自己迁就社会,而富兰克林推动社会的变迁。

他们在人生某个阶段都扮演过相同的角色,但他们设定人生的坐标完全不同。范蠡只想过他自己的日子,富兰克林则利用他的智慧、能力和奉献精神建立未来的社会。就如他们从商所得,虽然一样毫不吝啬地馈赠给别人,但方法和成果却有天渊之别。范蠡赠给邻居,富兰克林用于建造社会能力,推动人们更有远见、能力、动力和冲劲。有能力的人可以为社会服务,有奉献心的人才可以带动社会进步。

今天的中国人是幸运的，我们经历了中国历史前所未见的制度工程,努力建设持续开放及法治的社会,拥抱经济动力和健康自我概念的发展。尽管未尽完善,亦不必像范蠡一样受制于当时的社会价值观,只能以“无我”为外衣,追求“自我”。今日我们可以像富兰克林那样建立自我、追求无我。

二、慈善篇

（一）

关心是潮流。

善与人同，乐与人同，会使得我们的心灵更舒畅，生活更愉快。

发挥人性中光明与高贵的一面，为无助者提供无偿服务。

想想明天会更好！想想世界上有多少更苦的人！

在别人无助的时候，帮一下，是有益的。

（二）

但愿天下有心人，广建耆院千万间。

办公益事业乃是我分内之天职。

重视知识、科学、道德操守和教育,在不同领域里寻找各种可应用的技术,更有效地发挥资源的价值和效益,共同努力为国家民族的富强,尽一份力量。

能够与大家抱着共同志愿和目标去帮助世上无助的人,是我感到最荣幸的事。

同济心是人性最坦率及强而有力的内心表达,能建造、能强化、能增长及治疗和消除痛楚,我们都应乐于参与投资。

我们要同心协力,建立一个新的大同世界,协助舒缓痛苦、知识贫乏、贫困等问题,以我们的技术及资金,参与建立一个较平等及富有同情心的社会,亦为经济、教育及医疗作出贡献。

我希望上天或者有高人可以给我指引,告诉我怎样做有助民族和人类兴旺的事,让我能够做得比过去更有意义。不论花多少钱,多少精力,我都在所不惜。

我和两个孩子经过考虑,再捐一亿港元,也作为一个种子,通过各方面的共同努力,五年内把内地四百九十多万白内障患者全部治好。

一个发了财的人,不应该只顾自己挥霍,也不应该当守财奴,更没有必要把财产留给自己的子孙!应该为社会多做一些公益事业。把多余的钱分给那些残疾及贫困的人。特别是要用在教育和医疗方面。

李嘉诚与佛教李嘉诚护理安老院董事会主席、香海正觉连社觉光法师合影

乡中或有若何有助于桑梓福利等等,我甚愿尽其绵薄。

若有一天,我独自一个人到医院去,喜见病人接受良好的治疗,康复出院,我心已足矣!

眼睛是心灵的窗户,我认为失明是人生最可怕的残疾,令在黑暗中等待的人重见光明,活出新的人生,实在是世上最有意义的事。

政府要照顾低收入家庭的房屋需求,所以我决不反对增建公屋。

我一向心系潮州,第一笔捐款办医院、建民居就在潮州。在为全国残疾人捐款时,我还特意要求邓朴方先生要关照和帮助我家乡的残疾人。

让我们共同来对付人类的共同敌人(癌症),并做出贡献!

我的钱来自社会,也应该用于社会,我已不再需要更多的钱,我赚钱不是只为了自己。为了公司,为了股东,也为了替社会多做公益事业,把多余的钱分给那些残疾及贫困的人。

(三)

作为一名炎黄子孙,能为后世留下一点功业,今生无悔,这个辛苦值得!

成功之后,利用多余资金做我内心想做的善事,心安理得,方寸间自有天地。

本人捐赠绝不涉及名利,纯为稍尽个人绵力。

让我们大家一起同心协力,不要再犹豫,拿出我们企业家豪迈的精神和勇气,让我们选择积极帮助有需要的人重塑命运,共同为社会进步赋予新的意义。

同济心不是富裕人士专有的,亦并非单单属于某一阶层、国家或宗教的;通过决心及自由发挥,它可创出自己的新世界,一个能体现集体力量、具感染力的大同社会,因为这工作是永恒的,而其影响力也是无穷无尽的。

三、爱国篇

（一）

月是故乡明。我爱祖国，思念故乡。

我是炎黄子孙，我永远是一个脚踏实地的中国人。

自己认为爱国应与生俱来。

身为中国人，应竭尽个人的力量，为祖国多办实事、办好事。

无论哪个民族和人民，都是爱自己国家的，对政府是否满意是另一回事，就算是已移民的人，我也肯定他们仍然是爱国的。

（二）

祖国是我们强大的后盾，只要国家安定，继续实行改革开放政策，21世纪，将是中国人的世纪。

中华民族勤劳勇敢，坚忍不拔，虽然历史上有过受辱挨打的过去，但是现在走正确的道路必然会有着光明的未来。

香港是我的根，树再高，根也不会断。

我对香港的前途充满信心，对中国的前途也充满信心。

九七年回归祖国，标志着香港进入一个新年代。

我对香港人有非常大的信心，毕竟这地方是我欢苦与共的家园。

香港的安定繁荣与中国的安定繁荣息息相关。香港前景是乐观的，有条件成为"四龙之首"。

（三）

愿我们在此盛世之年，共同努力，使国家更加繁荣昌盛！

无论中国发生什么事，身为中国人定会为中国前途尽点绵力。

一辈子做对中国人有益的事，乃是我的基本夙愿。

作为炎黄子孙，必须奋斗自强，发达不忘家国，来日必以报效桑梓。

邓小平亲切会见李嘉诚

支援国家建设，报效桑梓，乃本人毕生奋斗之宗旨。

做利国利民的事，乃人生第一大乐事。

我是中国人,我希望能够尽到一个中国人应该有的责任,做到对教育、医疗事业有一点贡献,我就心满意足了。

我是中国人,作为一名炎黄子孙,我应竭尽个人力量,促进祖国之繁荣昌盛,使同胞生活美好,民族万世千秋更强大。

我在香港以华资公司收购英资公司的原因,是因为过去多数香港人都认为由外国人经营的公司比较可靠,我的目的是想表明中国人经营的公司同样可靠,而且更可靠。

香港是家乡根基所在,"长实"集团将继续以香港为重要投资基地,谨慎选择优质项目积极拓展。

我爱香港,香港的利益我会放在首位,假如香港有什么不好,什么是应该帮助的,我会表达。

当特首要人格好要有能力、有气质,要以香港人福利为主、香港人利益为主,当然要顾及国家利益,而香港人得到福利,对国家亦好。

只要祖先都是中国人,我相信百分之九十以上的人都希望中国强大。

中国的前景非常好,加入世贸后,中国经济前景一样更好。

我对香港只有爱心无野心。

第九章　家教　孝道　情怀

我教儿子经商秘诀是:有钱大家赚,利润大家分享,这样才有人愿意合作。假如拿百分之十的股份是公正的,拿百分之十一也可以,但是如果只拿百分之九的股份,就会财源滚滚来。

——李嘉诚

一、家教篇

（一）

家和万事兴。

不义富且贵，于我如浮云。

贫穷志不移。

做人须有骨气。

吃得苦中苦，方为人上人。

求人不如求己。

（二）

父亲是个聪明、孝顺父母的人。

父亲多次告诫我，要做男子汉，就要“失意不能灰心，得意不能忘形”，顶天立地的男子汉第一是能吃苦，第二是会吃苦。

父亲是个要从正途求上进、受人尊重的典型中国读书人，他本性守信义、向上、乐于助人。母亲是个善良的中国传统家庭主妇，尊敬丈夫、疼爱子女，可以为家庭牺牲一切，和亲友相处得极融洽，关系极好，又肯吃苦。

我爸爸是那种非常典型的中国人，有气节、讲义气且诚恳待人。

我爸爸本身就是以诚待人之人，他为我起名可能寄托着某种愿望，但他没有告诉我。

我之所以能拿出一笔钱创业，是母亲勤俭悭省的结果。

我每赚一笔钱，除日常必用的那部分，全部交给母亲，是母亲精打细算维持全家的生活。我能够顺利创业，首先得感谢母亲，其次要感谢那些帮助过我的人。

占小便宜的不会有朋友，这是我小的时候，母亲就告诉我的道理，经商也是这样。

（三）

对孩子，应从小就教给他们做人的道理，培养他们独立自强的能力。

带他们（指两个儿子）到公司开会，目的不是教他们做生意。我并不计较他们听懂了什么，学会了多少，而是教他们：做生意不是简单的事情，要花很多心血，开很多会议，才能成事。这是一种商业氛围的熏陶。

我曾带两个孩子去旅游。一样的山色，一样的环境，一百年后，一千年后，山色依旧，人可不同了。当你们想起人生只是短短的旅程，便希望趁有能力做事的时候，尽量在世上播下好的种子，这是值得的。

我对他们（指两个儿子）的教育是，对生活对事业要认真，对人生对事业要诚实，对人要亲切。

我经常教导他们（指两个儿子），一生之中，最重要的是守信。

我常教育我两个儿子，要注意考虑对方的利益，不要占任何人的便宜。

我常对两个儿子说：一个人可以活得好快乐，也可以过得好辛苦，但生活上的衣食住行一简单，你会觉得少好多外来压力。

注重自己的名声，努力工作、与人为善、遵守诺言，这些对你们（指两个儿子）的事业非常有帮助。

以往我百分之九十九是教孩子做人的道理，现在有时会与他们谈论生意，约三分之一时间谈生意，三分之二教他们做人的道理。因为世情才

1989年6月9日，李嘉诚荣获加拿大卡加里大学名誉法学博士学位时，与长子李泽钜、次子李泽楷合影

是大学问！

不管你拥有多少家财，但对于孩子就应该从小培养他们独立自强的能力，特别不能让他们养成娇生惯养、任意挥霍的生活习惯。

别说我只有两个儿子，就是有二十个儿子也能安排工作。但是我想，还是你们自己去打江山，让实践证明你们是否有资格到我公司来任职。

如果他不是我儿子，这个表现已值一百分，但他是我儿子，我不会打一百分，只会给九十几分。

我常常告诫两个孩子，家里的菲律宾工人与我们一样同是一个人，刚好碰巧我们家的环境好些、钱多些，有机会用他，但无论何时都应视为与他们一样是一个人。

我教儿子经商秘诀是：有钱大家赚，利润大家分享，这样才有人愿意合作。假如拿百分之十的股份是公正的，拿百分之十一也可以，但是如果只拿百分之九的股份，就会财源滚滚来。

我告诉我的孙儿，做人如果可以做到“仁慈的狮子”，你就成功了！仁慈是本性，你平常仁慈，但单单仁慈，业务不能成功，你除了在合法之外，更要合理去赚钱。但如果人家不好，狮子是有能力去反抗的，我想，做人应该是这样。很善良、非常好的一个人，但如果人家欺负到你头上，你不能畏缩，要有能力反抗。

如果子孙是好的，他们必定有志气，选择独立自强之路，不依赖父母，自己独闯天下。反之，如果子孙没出息，不求上进，好逸恶劳，一味追求享乐，存在着依赖心理，动辄搬出家父是某某来，那么给他们金钱就会助长其骄奢淫逸的恶性发展，成为名副其实的纨绔子弟。到头来一无所成，甚至会成为社会的蛀虫，岂不是害了他们一辈子！

孩子们都有自己的路要走，不必硬把自己的想法硬压给他们，应该尊重他们自己的想法，儿孙自有儿孙福。

中国有句俗话，鸡窝里飞不出金凤凰，院子里练不出千里马，让他们（指两个儿子）出去闯闯吧!

在西方先进的国家留学深造，既可以优先吸纳国外先进的科学文化知识，又可以使他们充分运用自己的眼光去看待外面的世界，去增长他们的见识，一如俗语所说的“读万卷书不如行万里路”。

李嘉诚出席李泽钜、王富信婚礼

他们（指两个儿子）去外国读书时，我就同他们讲，以后的女朋友一定要是黄种人。国籍哪里的没问题，但要性格好，心地好！

有时我觉得有钱人的儿女未必等于人品好，我看中女孩的品行。就算他父母是做工人的，一样无问题。我想，哪个做父母的有我这么民主？

儿子曾经这样问我："爸呀，我们赚这么多钱到底有什么意义呀？"我回答很简单：赚钱多可以爱国回报社会嘛！

中国有句老话："富不过三代"。但是随着今天教育和组织的不同，事业可以继续，可以做得比以前更好。

二、孝道篇

(一)

百善孝为先。

孝养耆老,慈悲为怀。

敬老、护老,是中国人的传统美德。

在中国儒家的伦理中,对老人的尊重是一个传统。

敬老扶幼的传统,是我国几千年流传下来的美德,深深植根在每一个人的心中。

我国素重孝道,亦着重“老吾老以及人之老”的观念。

李嘉诚、庄月明伉俪和李母庄碧琴摄于 1978 年 4 月 27 日

尊敬老人,爱护老人,帮助老人,是我国几千年来的传统美德。我们应将这种优良的传统持续发扬光大。

家有一老,如有一宝。

老有所养,温煦晚年。

三代不必同堂,五世亦可其昌。

上一代的人辛劳牺牲,造就了下一代人的幸福快乐。

必须确保老人成为我们社会的天空中的一道彩虹。

(二)

我一向信服佛家的博爱精神,长者们曾经为家庭、为社会作出极大贡献,是繁荣的拓荒者和智慧的泉源,使老有所依、老有所养是社会每个人的责任。

一个成熟的社会,不单应该具有年轻人的视野,还要有长者的宽容与慈祥。

人性的尊严,不只体现在青壮年时期学习、工作、表达的种种权利,更取决于社会对高龄长者的关爱和照顾。

长者是我们社会的退役老兵,他们在昨天的社会建设的火线上付出了青春和精力。

举办老人节,唤醒大家敬老爱老,意义重大。

建一座完善的长者护理院,决不是对老弱人士的怜悯和施舍,而是对老人的致敬。

我能够顺利创业,首先得感谢母亲,其次要感谢那些帮助过我的人。

吃得苦中苦,来日报母劳。

三、情怀篇

（一）

中华民族有数千年的文化传统，前人智慧给予我们的启迪，是支持我们不断求新求变的力量泉源，大家都生逢其时，就让我们把握这时代机遇，为建设我们国家民族美好的将来共同努力。

我目睹祖国之高速进步，在四个现代化政策之推动下，一切欣欣向荣，深感雀跃。支援国家建设，报效桑梓，此乃本人毕生奋斗之宗旨也。

中国人要做出点事情来让外国人看看！

我们要让外国人看看，中国人是怎样办大学的！

我是一个中国人，中国人总要为国家民族争一口气！

想到用中国人的火箭把美国人的卫星射上太空，那种兴奋之情真难以形容。

(二)

本人对祖国及香港前景充满信心，回归后东方之珠更加闪烁璀璨。

香港是我的家乡，在哪里有哪棵树，我阖上眼亦知道。

香港是我的根，树再高根也不断。

香港给英国统治了百多年，中国怎么能够让香港比在英国管治时更差呢！

香港人真是很聪明，只要有干劲和肯挨，香港一定"掂"。

(三)

我旅港数十年，每碌碌于商务，然日日不忘恋桑梓，缅怀家园，图报母愿。

我是潮州人，我爱家乡，但我更以我是一个中国人而骄傲。

能为国家为乡里尽点心力，我是引以为荣的。

我刚下车的时候，我看到站在道路两边欢迎我归来的我的衣衫褴褛的父老乡亲们，我心里很不好受，我心痛得不想说话，也什么都说不出

李嘉诚偕夫人庄月明出席宴会

来,说真的,那一刻,我真想哭……

(四)

父母恩情深似海,一生难以报还。

我觉得一家幸福最紧要,生意起跌很小事,今日起,明日跌,一家人开心最紧要。

亲情是与生俱来,感情是要培养,但亦要讲缘分。

互相爱恋、情投意合还不够,互相了解,互相体谅、和谐相处才是最重要。

如果没有我妻子的默默支持,我肯定不会有今天的成绩。

月明受过良好的教育,婚后在事业上为我出谋划策,给予我很大的帮助。不仅如此,她把家里的事情都处理得井井有条,使我完全不用为家里的事情操心,能够集中全部精力应付事业上的各种问题。这是我最要感谢她的地方。

作为父母,让孩子在十五六岁就远离家乡,远离亲人,只身到外面去求学深造,当然是有些于心不忍,但是为了他们的将来,就是再不忍心也要忍心。

做我的新抱(儿媳妇)很容易,因为我没有女儿,所以把新抱看做女儿一样。

编后语

我轻轻地翻开尘封已久的日记，沿着记忆的长河溯流而上，去寻觅那些久违而又珍贵的原始记录。赫然间，发现在1993年4月8日的日记中有段这样的记载："庄老（庄世平先生，时任香港南洋商业银行董事长，《李嘉诚》序言的作者）今天中午在香港一家酒楼盛情宴请我。席间，这位德高望重的长辈对我说：'卢先生，你是新华社的资深记者，又是一位青年作家和摄影家，你肯定知道，在我们国家的政界有伟大的领袖，但你未必知道在我们国家的商界也有伟大的领袖。他是谁？我个人认为，他就是李嘉诚先生。李嘉诚先生是我们世界华人的佼佼者，是我们世界华人商界的伟大领袖。他艰苦奋斗的人生，他的智商，他的人品，他的慈善之心，他的爱国之心，他对祖国的教育、医疗、卫生事业的贡献，等等，都为我们世界华人树立了伟大领袖的榜样。前天中午，李嘉诚先生宴请你时已经首肯，邀请你创作他的个人画传。这是一个极好的机会，你应该抓住这个机遇，深入采访他，讴歌他。如有时间，如有兴趣，如有可能，我建议你专门研究他。我深信，你将一定大有收获，一定大有成果，因为在李嘉诚先生的身上，有你研究不完的课题。李嘉诚先生将永远是你创作的源泉。'当

我聆听完庄老这一席话后,微笑着向他点点头,说:“我很赞成您的观点和意见,我将不辜负您的期待!”

过了几天,我应李嘉诚先生邀请访港的日期已到,于是便乘飞机返回了北京。当我向有关领导汇报访港情况之后,脑海里突然萌生出成立一个专门研究李嘉诚的机构的想法。后来,在我的倡导和努力下,终于成立了一个“李嘉诚研究室”,我任该室的主任。从此,我和李嘉诚先生结下了不解之缘,走上了一条专门研究李嘉诚的道路。

自那时起,我和李嘉诚先生以及长江集团中心主席办公室常有信件往来和资信交流。我和我的同仁各自带着不同的课题,有的放矢,深入调查研究,结果做出了出色成绩,而且成果颇丰。十余年来,我们在全国重点报刊及出版社公开发表或出版了几十万字的著作,如《李嘉诚与汕头大学》、《李嘉诚》、《鸿图大展》、《造福苍生》,等等。今天,我可以自信和满意地告慰已经仙逝的庄老:“我没有辜负您的期待!我已实现了您的夙愿!”

经过多年的构思、蒐集、筛选和编辑,我和我的同仁又在一个吉利的日子里完成了《李嘉诚箴言录》的编辑工作,准备付梓出版。对此,我感到由衷的愉悦和欣忭!

今年,是2008年,今天,是7月29日,恰巧是李嘉诚先生八十华诞。我们谨以《李嘉诚箴言录》诚庆李嘉诚先生八秩荣寿!

《李嘉诚箴言录》中的箴言主要来源于如下第一手文献书籍和文字资料:

李嘉诚先生馈赠给我的《知识改变命运》(李嘉诚基金会编,汕头大学出版社出版,非卖品);

香港长江集团中心主席办公室长期以来给我提供的李嘉诚先生在各个时期和各种场合的演讲稿、访谈录以及海内外的报刊报道、介绍李嘉诚先生的文章和译稿。

此外,还有选择性地参考了几位亲自采访过李嘉诚先生的作家、记者、同仁、同道的专著以及相关媒体的报道文章。它们是:

夏萍赠给我的专著《李嘉诚传》(香港明报出版社)

李学典、方式光赠给我的专著《李嘉诚成功之路》(香江出版有限公司)

陈衍俊赠给我的专著《华夏骄子李嘉诚》

汕头大学赠给我的《汕头大学》(画册)

吴祥珉的专著《面对面采访:真实的故事》(珠海出版社)

余丹清的专著《我们是李嘉诚的学生》(中国物资出版社)

新华社、新华网、《参考消息》及港澳台的报刊各个时期关于李嘉诚先生的报道、访谈言论和转载文章等。

“饮水不忘挖井人”。由于上述的他们和它们给予我的丰富、宝贵的精神食粮,才使我有了为炊之米,才使我有力量打造这个永远属于海内外广大读者共享的新鲜、精美、丰盛的“套餐品牌”——《李嘉诚箴言录》。为此,在我深感欣幸之时,我的感激之情也油然而生。首先,我要衷心感谢李嘉诚先生数次邀请我访港,在百忙中多次接受我采访,并指示主席办公室经理区小燕小姐与我联络。其间,她向我提供了大量翔实的文字资料和丰富多彩的照片,这些都令我终生难忘。同时,我也愿借这块方寸之地,向为这本书的出版作出过奉献的朋友们表示深深的谢意!

《李嘉诚箴言录》,虽说精益求精,摘英撷华,但由于编者学识粗浅,水平有限,必有粗疏之处,敬请各位贤达和读者拨冗赐教,不胜谢忱!

《李嘉诚箴言录》主编　卢琰源

2008年7月29日于北京

图书在版编目(CIP)数据

李嘉诚箴言录/李嘉诚讲述;卢琰源主编.—南昌:江西人民出版社,2009.9

ISBN 978-7-210-04077-4

Ⅰ.李… Ⅱ.①李…②卢… Ⅲ.李嘉诚—语录 Ⅳ.K825.38

中国版本图书馆 CIP 数据核字(2009)第 051342 号

李嘉诚箴言录

李嘉诚讲述　卢琰源主编

江西人民出版社出版发行

江西华奥印务有限责任公司印刷　新华书店经销

2009年9月第1版　2009年9月第1次印刷

开本:787 毫米×1092 毫米　1/16　印张:11　插页:4

字数:120 千　　印数:1-4000 册

ISBN 978-7-210-04077-4　　定价:22.00 元

江西人民出版社　地址:南昌市三经路 47 号附 1 号

邮政编码:330006　传真:6898827　电话:6898893(发行部)

网址:www.jxpph.com

E-mail:jxpph@tom.com　web@jxpph.com

(赣人版图书凡属印刷、装订错误,请随时向承印厂调换)